Government and the Transformation of the Gaming Industry

ゲーミング企業のマネジメント

カジノ・競馬・ロト（宝くじ）

リチャード マガウアン［著］
佐々木 一彰［訳］

税務経理協会

Government and the
Transformation of the
Gaming Industry

by Richard A. McGowan

Originally published in English by Edward Elgar Publishing Limited.

Japanese translation rights arranged with
Edward Elgar Publishing Limited, Cheltenham, Gloucestershire, UK
through Tuttle-Mori Agency, Inc., Tokyo

本書を推薦します

わが国においてカジノの導入についてここ数年，論議がなされてきた。しかし，従来から行われているいわゆる賭博業としての競輪，競馬，競艇，パチンコ等についてはさほど議論の余地なく継続されてきている。

賭博業（ギャンブリング産業）という呼び方は，家族連れのテーマパークとして変身をとげたラスベガスなどのリゾート地では「ゲーミング産業」という呼び方に変わってきている。物事にはすべて正，負，光と影，陽と陰が存在する。わが国ではカジノといえば陰の部分を考えがちであるが，陽の部分を積極的に創造すれば，この「ゲーミング」は，気晴らしや社交の場として観光リゾート地に貢献しうる部分があることは諸外国の例が示している。したがって，諸外国においては「ゲーミング産業」は観光産業の一環として認められており，アメリカの有名大学で観光学科を有しているところでは「ゲーミング・マネジメント」は単位取得科目としても設けられている。

もちろん，この負の部分をできるだけ減少させる法的規制やゲーミング企業上の抑制的文化を構築することは重要である。ゲーミング産業を地域観光の振興に役立て，経済の活性化に役立てることに成功すれば地域経済への波及効果は大である。

わが国で「ゲーミング産業」の論議をめぐって前向きに検討する傾向のある時代的変化のなかで，ゲーミング先進国のアメリカの現状や，「ゲーミング産業」のあり方を十分研究しておくことは，カジノの円滑な導入と，問題解決のための指針を与えるであろう。こうした観点からこのたび「ゲーミング企業のマネジメント―カジノ・競馬・ロト（宝くじ)―」のタイトルのもとにボストン大学助教授リチャード　マガウアン氏が著した著書を佐々木一彰氏が先鞭を切って訳したことを評価したい。「ゲーミング産業」が論議されるなかで大いに参考なるので関係者，関連諸機関に一読を勧めたい。

大阪商業大学学長

ギャンブリング＊ゲーミング学会会長

谷岡　一郎

翻訳者まえがき

バブル崩壊以降，日本の経済は停滞してきた。近年，企業の業績は回復しつつあるといわれるが，国家財政，地方財政は極めて厳しい状態が続いており消費税率の引き上げも検討されている。また，本来財政に貢献すべき公営ゲーミング・ギャンブリング企業の閉鎖も相続いている。

1980年代から1990年代にかけてアメリカ合衆国においても同様な現象が発生した。アメリカ合衆国においては税金を課すことのかわりにゲーミング・ギャンブリング企業の効率的な運営を行うことによりその危機を乗り切った経験を有している。

日本においてはゲーミング・ギャンブリング企業の分析，効率的な運営，社会との良好な関係の構築などについて学術的な研究はほとんど行われてこなかった。私が本書を翻訳するに至った経過はそこにある。本書は広義の意味でのゲーミング・ギャンブリング企業のマネジメントを検討しており，私としては，今後の日本のゲーミング・ギャンブリング企業の創造，復活の一助となることを望むものである。

最後に本書を翻訳するにあたって貴重なアドバイスをいただいたゲーミング・ギャンブリング研究の第一人者である大阪商業大学学長　谷岡一郎先生，大阪商業大学アミューズメント産業研究所での共同研究で様々な刺激を与えて下さった皆様方，大阪商業大学アミューズメント産業研究所の皆様方，そして税務経理協会の峯村英治氏に深く感謝申し上げたい。

2005年　春

翻訳者　**佐々木一彰**

序　文

私の最初の著作『*State Lotteries and Legalized Gambling：Painless Revenue or Painful Mirage*』は1964年から1993年にかけての30年間に焦点を当て，その間にアメリカで州のロトが急激に成長したことを取り扱っている。この間，州のロトは500億ドルのギャンブリング産業のなかで最も巨大なセグメントに成長した（McGowan，1994：p. x)。しかし，ロトの繁栄は終わろうとしていることは明らかであった。ロトの売り上げは上昇していたが成長率は急降下した。実際，多くの観察者はギャンブリング活動の小さなブームは終わり，ギャンブリングは2029年までに非合法化されるという見解を持っていた（*New York Times*，1993)。

しかし，実際には1993年はロトがギャンブリング産業のうち最も大きなセグメントになった最後の年になった。政府がギャンブリング活動から必要な歳入を得ることが難しくなったことは明らかであった。将来，カジノ，合法化されたスポーツのギャンブリング，レース場外の賭け，ビデオポーカーが収益とプレイヤーの人数，両方において主流をなすのは時間の問題であった（McGowan，1994：p. 160)。

私が上記の言葉を記したときに気づかなかったことは変化がすでに1994年に始まっていたことであった。カジノは売り上げと収益においてロトを圧倒しただけではなくアメリカ国内中においてギャンブリング活動の爆発的な増加をもたらした。したがって読者は本書においてなされたいかなる予測も極めて短いライフサイクルを持っていることに注意しなければならない。ギャンブリング産業について取り扱った別の本はどうであろうか？ 反ギャンブリングそしてギャンブリングに賛成している人々について十分取り扱った本はいままで存在しただろうか？

私の以前の著書と同様，本書では21世紀をむかえたギャンブリング産業を形作る経済的，政治的諸力を検証することとする。この目的は極めて野心的なものであるが，このことが本書をユニークなものとしている。そしてまた，読者にギャンブリング企業が，どのように競争が激しく厳しい環境下で競争するための戦略を形成し実行するかということを理解させるのに役立つだろう。この目的を達成するために本書は三部構成になっている。

第一部ではギャンブリング産業がアメリカで直面している現在の外部環境を形成している歴史的，文化的な諸力に焦点を当てている。ここにおいてはギャンブリング産業がゲーミング産業に変身するための取り組みを扱っている。ギャンブリング産業に対して批判的な人々はゲームという単語を使用することを馬鹿げたこととしており，そのことは言葉の遊びに過ぎないとしている。しかし，人がいかにゲームを定義づけようとも，この定義が公衆に受け入れられるか否かということは現在の爆発的なギャンブリング活動の増加のなかにおいて重要な役割を果たしギャンブリング産業の存続を決定することにおいて力を発揮し続けるだろう。

2つのタイプのゲームが紹介される。つまり，{アゴン (Agon)：技術のゲーム} と {アレア (Alea)：運のゲーム} である。社会が擁しているゲームのタイプは社会の文化的，道徳的発展に大きな影響を受ける。どのような社会でも1つのタイプのゲームだけがプレイされているわけではないが21世紀のアメリカ社会では前世代と比べ {アレア (Alea)：運のゲーム} がよりはやっているように思われる。この展開はアメリカ人が彼らのレジャーにドルを使う際に期待するエンターテイメントのタイプについての深い意味を持っている。そしてそのことがギャンブリング産業，特にカジノがアメリカのエンターテイメント産業の主流になることに寄与した。したがって，このゲームのコンセプトはギャンブリングに費やされるドルをめぐりギャンブリング産業の様々なセグメントが競争するという方法が変化し，そしてギャンブリング活動を拡大することを当局に認めさせるために当局をどのように取り扱うかということとなった。

本書の第二部においてはゲーミング産業の経済的側面に焦点を当てている。ギャンブリング産業がゲーミング産業へ進化するにあたり，この変遷の主要な結果はエンターテイメント産業の主流の一部となったことである。この変化はゲーミング（ギャンブリング）産業の構造と企業が「寛容的なゲーミング」の新時代に入るにつれとる戦略，両方に大きな影響を与えた。ゲーミング産業の各セグメント（カジノ，ロト，そしてパリミューチュアル）はユニークな戦略をエンターテイメント産業として展開しなければならなかった。明らかに，様々な企業（ロトの場合は州）はこの新しい環境下で競争するために様々な方法を模索し実行しなければならない。

ゲーミング／ギャンブリングの政治的，社会的な意味は第三部で取り扱う。ポーターのファイブフォース分析を展開しゲーミング産業が直面している政治的，社会的問題（依存性，公正，誠実）を取り扱うこととする。主要なステイクホルダー（ゲーミング産業，反ゲーミンググループ，政府）にも光をあてることとする。規制がどのようにギャンブリング産業に影響を与えるかを確かめるために，ロトのチケットに対する勝率の提示の要求がロトの売り上げに影響を与えるかどうかの実証的な検証を行う。終章では将来，ゲーミング産業がどのように変化していくかに焦点を当てる。ここでは，ゲーミング産業とギャンブリングに伴う問題を和らげるための政策を立案する当局双方にとり役立つ一連の勧告も取り扱うこととする。

謝　辞

2000年の6月にラスベガスにおいて11回目のギャンブリングと危険負担についての国際会議が開催された。ギャンブリング産業の首都であるラスベガスで開かれたということだけではなく，ギャンブリング産業がゲーミング産業に変身したということの象徴であった。1990年代を通してラスベガスはギャンブリングの巣窟から家族で楽しめるエンターテイメントの中心地として認識されるという変化を経験した。訪問者はいまやカジノで消費するよりもショッピングやアミューズメント・パークで多く消費するようになっている。この産業を分析し，検証している先進的な学者が集うこの会議に出席した場合，ギャンブリング産業を研究している学者たちが抱いている興味と問題の多様性に圧倒されたであろう。会議と同様に，なぜ，どのようにして，このような変化が起こったかについての私の考えを深化させるために様々な組織や人々にお世話になった。

第一に，様々なゲーミング産業の代表者に感謝申し上げたい。1990年に私はマサチューセッツ・ロト・コミッションの役人とともに研究を始めた。非常に多くのロトのデータにアクセスする機会を与えてくれ，ロトのマネジメントについて州のロトを運営していく上での数多くの戦略的問題点に示唆を与えてくれた。ハラーズ（Harrah's）の社会関係部門のヘスターマン部長（Hestermann）はギャンブリング／ゲーミング産業についての新聞，雑誌の記事を提供してくれた。彼のいかにその産業が公共的な政策過程を取り扱うかという洞察は大いに参考になった。

過去2年間，私はハーバード・メディカル・スクールでの依存性の問題を取り扱う部門で客員教員をしていた。いうまでもなく，このときの経験は私に依存性の問題について異なった見解を与えてくれ，刺激になった。

この問題をめぐる複雑さはギャンブリングの経済的な側面を児戯に等しいように見せるほどであった。ここでは特に，依存性の問題を取り扱う部門に勤務している人々｛ハワード・シェーファー（Howard Shaffer），クリシー・サーモンド（Chrissy Thurmond），マット・ホール（Matt Hall），エミリー・マクナマラ（Emily McNamarra），そしてゲイブ・エバー（Gabe Eber)｝に感謝申し上げたい。彼らはギャンブリングの依存性について洞察に満ちたコメントをしてくれるとともに，本書を完成させるにあたり大きな理解を与えてくれた。

また，何年にも渡り私のギャンブリング産業に関する「演説」につきあわざるを得なかった２人の同僚,友人に感謝の意をささげたい。ジョーン・マホン（John Mahon）は私の師であり共著も出版しており15年以上も同僚であった。彼は常にギャンブリング産業を多面的に見るように励まし続けてくれた。ティム・ブラウン（Tim Brown）には様々なゲーミング産業が陥っている法的，道徳的な問題を理解することについて助力を受けた。勿論のこと，他の数多くの同僚からはゲーミング産業についてのコメントや見解を提供してもらったがそれが本書を書く際に行った調査に非常に役立った。ここに感謝申し上げたい。

最後に，ボストン大学の産業・社会政策学部のすべての学生の諸君に感謝申し上げたい。彼らは，何年にも渡りギャンブリング産業のストーリーのみならず数多くのケースにつきあってくれた。彼らはギャンブリング企業が政治，経済の問題を取り扱う際にとる戦略についての私の考えをより洗練させてくれた。また，そのうちの幾人かはこの調査に興味を持ち手助けをしてくれた。特に，ブライアン・マックライン（Brian McLain），トッド・アンティコ（Todd Antico），ジョン・ラエリン（Jon Raelin）には感謝せねばならないだろう。彼らの調査はカジノ産業の章の基礎となっている。

勿論，本書におけるいかなる誤りも著者にのみ帰するものである。著者は読者がゲーミング産業の経済的側面と政治的な側面とが絡み合っていることを理解し，ギャンブリング／ゲーミング産業がアメリカの社会に及ぼしているインパクトを分析する際に役立てることを期待するものである。本書ではギャンブリング／ゲーミング産業のすべてを取り扱ったわけではない。未来の研究者が，こんなにも調査対象として魅力的なギャンブリング産業が抱える様々な問題，および争点を検証するための始めの一歩として本書が役立てれば幸いである。

Contents

第二部　ゲーミング産業の経済

図表

図

表

第一部

ギャンブリングからゲーミングへ

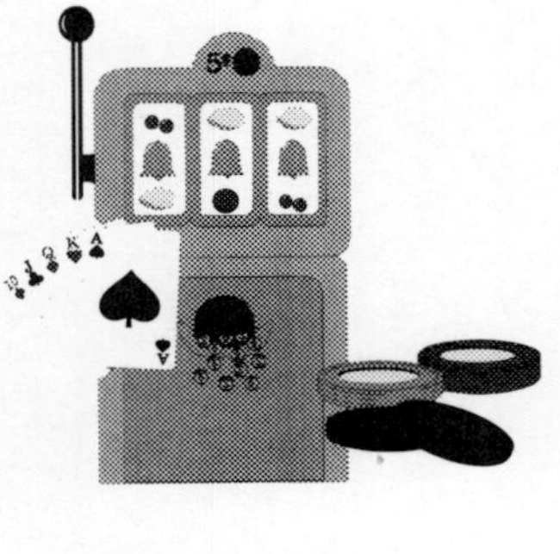

アメリカのギャンブリングの簡単な歴史

序　説

1984年にすべての形態のギャンブリング（カジノ，ロト，パリミューチュアルによる賭け：これらはギャンブリング産業における３つのセグメントである）は150億ドルを少し下回る収益をあげた。そして1995年にはこれらの産業は553億ドルもの収益をあげるようになった。11年間でほぼ400％もの収益の増加をみたわけである。ギャンブリングはアメリカのエンターテイメント産業の最も大きな構成要素となったのである。また，この事実は問題を抱えていたシカゴからニューベッドフォード，マサチューセッツにいたる地域に経済的発展を助けることとなった。しかしギャンブリング産業がエンターテイメント産業として州の財政に貢献し，地盤沈下した地域を経済的に建て直す手段として使われることはアメリカの歴史においては珍しいことではない。

アメリカの歴史において，いままで５回のギャンブリングの波が起こった。序説では歴史の文脈のなかで現在のギャンブリングのブームを紹介することとする。この簡単な紹介によって読者にいままでアメリカで起こったギャンブリングのブームと現在のギャンブリングのブーム（もっともカジノ産業にとってはギャンブリングというよりむしろゲーミングと呼ぶ方が好ましいかもしれない）とを比較することに役立てることができれば幸いである。

最初の波：州の認可によるロト（1607年～1840年代）

最初のアメリカにおけるゲーミングの波（1607年～1840年代）は最初の入植者によって始められたが，革命のための戦争の勃発によりより広く広まった。この間，ロトはギャンブリングとして認められていた。2，3のロトは州にサポートされ軍隊の費用を賄うため運用されていたが，しかし，大部分のロトは大学や地域の学校，そして教会などが建物を建てたり設備をよくするための資金源として運用されていた。例えば，エール大学とハーバード大学（このライバル関係はフットボールより早く始まった!!）は両方とも彼らの寮を建設するためにロトを使った。1747年にコネチカット当局はエール大学にロトを運用するライセンスを与え7,500ポンドの運用に成功した。一方，ハーバード大学は1765年まで待ち，マサチューセッツ当局からロトを運用することを認められ,3,200ポンドの運用に成功した。ハーバードのロトの運用実績がエール大学の運用実績に劣っていたことは大変興味深い。この第一の理由はハーバード大学のロトはフランス軍やインディアンと戦う軍隊を支えるために運用されていたロトと競合してしまったためである。しかしながらハーバード大学の資金を増やす活動のタイミングは大きく改善されたことから，過去の失敗に学んだことは確かであろう。この時期のギャンブリングの波のなかにおいてどの州も彼ら自身でロトは運用していなかった。私的な機関が運用していたのである。ある組織ないし，エリー運河のような価値あるプロジェクトが州当局から許可を受けロトを運用していたのである。ロトによって集められた資金は価値ある目標を支えるために使用されていた（Fleming，1978：p.32)。

しかし，これらの私的な機関ではロトの運用をする際に公正さを欠くことがしばしば起こった。ロトをめぐる有名なスキャンダルは1823年にワシントンＤＣにおいて起こった。議会は市の財政を改善するために大規模なロトを行うことを許可した。チケットは売られクジは引かれた。しかし，当選者が当選金を受け取る前にワシントンＤＣにおいてロトを運用していたエージェントが街から忽然と姿を消した。当選者のほとんどは当選を記録したものを所持していたのでワシントンＤＣは当選者に10万ドルもの当選金を支払うべきであるという訴訟をコロンビアの行政当局および最高裁に対して起こした。地方にロトを運用させる権限をもたせることは潜在的に危険であるということが想起され，ロトに対する禁止運動が始まった。1840年から1860年まで２つの州を除いて1820年代および1830年代に起こった様々なスキャンダルのためロトを禁止していた。しかしながら40年もたたないうちにロトは全国的に再び爆発的に行われることとなった（ibit. p. 35)。

第二の波：国によるロト（1860年代～1890年代）

南北戦争に敗れたため，南部は，南北戦争で破壊された道路，建物そして学校などの社会的資本を建設するための資金を賄う方法を見つけなければならなかった。勝者であった北部にせよ，敗れた彼らの同胞にそれらの資金を援助する状態ではなかった。したがって南部はなんとかして歳入を確保しなければならないと必死になった。社会的資本の資金を彼ら自身で賄う方法のひとつとして建設費用のための歳入を得るために私的な機関にロトの運用を許可することがあった。この時期に行われたロトと以前，行われていたロトとの大きな違いは売買されるチケットの規模であった。以前，行われていたロトはあくまで地域に限定されていたが，この南部が行ったロトは全国規模で行われ，皮肉なことに特に北部で人気を博した。これら南部が行ったロトで最も有名なものとしてはルイジアナで行われたもので，サーペント｛Serpent（蛇：悪魔)｝という名称で知られている。1880年代の後半のロトの絶頂期にはニューオリンズに来たほぼ50％の郵便物がロトと関係していた。

最初のロトのブームでは国家のロトをめぐる論争が起こり結果として連邦政府により禁止された。1890年にルイジアナにおけるロトを運営することができる許可証が失効しつつあった。ロトの運営者は様々な州の役人に１万ドルまでの贈賄を申し出てサーペント｛Serpent（蛇：悪魔)｝の更新を要求した。このロトを管轄する役人がサーペント｛Serpent（蛇:悪魔)｝を行う許可証を更新するために行った悪しき行為は全米に知れ渡った。多くの州当局は法的な対策を講じ，議会やハリソン（Harrison）大統領にロトを禁止するように要求した。これらの当局の一連の動きは年間500万ドルにも上っていたルイジアナでは州外のロトの売り上げを台無しにしたことは疑いのない事実である。ハリソン大統領は議会にロトの活動を抑制するための法案を通すことを急がせた。ルイジアナのロトを無効にした法案の根本的な部分はロトの運営業者に連邦の郵便物を使用することを禁止するところにあった。もし，顧客がロトを購入するための郵便物を出さなくなったとしたらロトはたちまち廃れてしまうことになるからである。1890年代の後半に，議会はロトの販売に際して連邦の郵便物を使用することを禁止した。1895年までにルイジアナのロトは消滅し新しい世紀が始まるまでアメリカにおけるゲーミング活動は存在しなくなった。しかし，不死鳥のように他のゲーミングの形態と同じようにロトは20世紀の後半に歳入の増加を求める政府によって蘇った。

第三の波：パリミューチュアルによる賭けの黄金時代（1920年～1964年）

このゲーミングが禁止されていた時期の中盤に別の「罪」の産業，ギャンブリングの静かな革命が起こりつつあった。ケンタッキー州とメリーランド州はともに競馬の最も長い伝統を持っていたのだが，長く高貴な歴史を持つ競馬場で賭けを合法化することに踏み切った。ケンタッキー州とメリーランド州は２つの理由からパリミューチュアルによる賭けを許可した。１つ目の理由としては，連邦政府により消費税の賦課が禁止されたのでその代替の歳入源を見つけなければならなかったことをあげることができる。２つ目の理由としては，技術の進歩がパリミューチュアルによる賭けのシステムを確立したことにあった。そのシステムによって，各人が賭けた総額と釣り合いをとり，管理費用や州の税金を差し引いた残りを勝者に分け与えることが可能になったのである。1929年の大恐慌の始まりとともに非常に多くの州が歳入源を探し始めた。彼らはケンタッキー州とメリーランド州に追随しパリミューチュアルによる賭けを急いで合法化した。1920年代中に45の州がパリミューチュアルによる賭けを合法化した。しかし，アラバマ，ミシシッピー，ノースカロライナおよびサウスカロライナは最後まで合法化しなかった。しかしながら，後ほど検討するがマサチューセッツ州やミズーリ州は別の方法でギャンブリングブームの波に乗った。なぜ，これらの州は容易にパリミューチュアルによる賭けを合法化できたのだろうか？特に，この時期に別の「罪」であるアルコールが全面的に禁止されたからであろうか？伝統的に，レースは，特に競馬はスポーツとして売り出し，ギャンブルと結びついている潜在的なイメージを薄めることとなった。競馬やドッグレースのような他の形態のレースは最もメジャーな新聞のスポーツ欄に掲載されており，競馬におけるスーパースターはタイムやスポーツイラストレイティトの一面を飾っている。ケンタッキーのチャーチルダウンやニューヨーク州北部のサラトガはパドックでのパレード，ゲートでのトランペットでの呼び出しなどを用い伝統的なページェントを強調している。レースの「合法性」に寄与した別の要因は「公正性」が保障されたことにあった。バンダービルト，ホイットニー，ロックフェラーなどの最も豊かな一族がレース産業を管理していたからである。これらの要因はレースの合法性に寄与したのみならず競馬を1920年代から1960年代を通じて最も巨大なスポーツの１つとすることとなった。

また，その事実は，パリミューチュアルによる賭けを20世紀の半ばを通じ，事実上，ギャンブリングにおける独占的な形態にすることとなった。レース産業の唯一の競争相手は1930年にカジノが合法化されたネバダ州であった。しかしながらネバダ州のこの動きに追随する動きは他州では現れなかった。ネバダにおけるカジノの復活はネバダの産業であった鉱業が不振に陥ったためである。そして，競馬は王様のスポーツというだけでなくアメリカ人の大部分に和やかに賭ける機会を提供することとなった。しかし，他の独占産業と同じようにレース産業は，街での唯一のショーに退屈している大衆に対応することができなくなることにより落ち込みをみせることとなった。

第四の波：州によるロト（1964年～1993年）

1964年にニューハンプシャー州で有権者が，アメリカの歴史において早くから利用されてきたギャンブルの形態をとったロトを合法化した。ロトを合法化する法案の提出者による根本的理由は厳密には経済的理由のためであった。ロトからの収益は教育基金となることとなっており，それによってニューハンプシャー州における消費税または所得税の制定を逃れようとするものであった。そのロトはたちまち成功を収め，ロトの売り上げのうち90％が州外の住民によって購入された。

しかし，この教訓は近隣の北西部の州では失われなかった。次の10年で北西部の州はすべてロトを合法化することとなった。これらのすべての州でロトを正当化するために２つの説明理由が使われた。

1　人はギャンブルをするものである。したがって，州はこの活動から利益を得るべきだ；

2　近隣の州がロトを購入している州の住民より利益を得ている。したがって，州としては資金を州内にとどめるためにロトを合法化する必要がある；

この急速に進展したロトのより興味深い面としてはこれらのロトが州の機関によって運営されていたことである。それらは州によって認可されていたのみならず，州政府によって運営されていたのである。

しかしながら，ロトの成長が最も著しかったのは1980年から1990年にかけてであった。この時期に25の州がロトを合法化したのみならず，場外馬券による賭け（ＯＴＢ），キノ（賭け金の高いビンゴの一種であり５分ごとに行われる）やビデオポーカー（レストランやバーによく置かれている）などのギャンブルも解禁した。これらすべての新しいギャンブルの形態はロトの収益を補足するために意図されていた。1993年までにはユタ州とハワイ州を除きなんらかの形態のゲーミングを合法化した。ロトやゲーミングに関連する産業は，以前のロトがブームになったどの時代よりも社会的な認知を得た。

しかしながら，このギャンブリングの第四の波は先行する波とは全く異なっている。以前，起こったギャンブリングの３つの波と第四の波とでは明らかに４つの面で異なっている。第一に，州政府に収入源としてギャンブルが幅広く使用されているという事実である。38の州とコロンビア地区がロトの後援者となっている。南部の地区はロト狂想曲に乗じることがないことに注目することは大変興味深い。しかし，これらの地区は社会そして福祉目的のために使用した税金の割合が最も少ない地区でもある。

第二に，ギャンブルが行われる深さは以前は存在していなかった。もはやロトは月単位で抽選されるものではなくなり週単位で抽選されるものでもなくなった。大部分の州では３つのタイプのロトを提供している。１つ目にはデイリーナンバーゲームが存在する。このゲームは決められた賞金のために３つか４つの数字を選ぶものである。２つ目のゲームとしては一般的な規定の下，運営されるロトである。これらのゲームは40から48までの数字から６つの数字を選ぶものである。多くの場合，ゲームは１週間に２回,開催され大当たりの金額は巨額になり時として9,000万ドルにもなる。最後の革新的なロトはインスタントもしくはスクラッチ形式のロトである。これらすべてのゲームにおいてゲームのプレイヤーは彼らが勝者かどうかということをすぐに知ることができる。また，これらのゲームはオッズや賞金の額が極めてバラエティーに富んでいる。また，別の，この第四の波における著しい特徴は，州政府がこぞってキノやビデオポーカーや場外馬券売り場のような様々な別形態のギャンブルに関与しようとするようになったことである。

第三のギャンブルにおける第四の波と以前の波との違いはロトが州政府により許可されそして，州政府自身の手によって運営されることにあった。以前のロトのブームにおいてはロトの実際の運営は私的な業者に任されていた。しかし，第四の波においては州自身が運営業者であり，唯一の受益者となっている。ジョージア，ネブラスカ，ウエストバージニア，メーン，そしてテキサス州のようないくつかの州はサイエンティフィックゲームズ（Scientific Games）やGテック（G－Tech）のような私的な業者にインスタントロトの運営の一部を許可しているが，大部分のロトの運営は州政府自身により行われている。州によるロトの所有と経営は本章で述べたように歴史的な背景により裏づけられている。過去にあったロトのブームが終焉したのは州政府よりロトの運営を委託された私的業者がスキャンダルを起こしたことに大部分の原因があることは疑いのないことである。しかしながら，州政府により運営されているロトにしても濫用から逃れることは難しい。ペンシルバニアのロトは1980年代初頭にデイリーナンバーロトで数字を抽選する際に，いくつかのボールを他のボールより重くすることによって人為的に666という有名な数字を当選番号にしたというスキャンダルを引き起こした。

最後の，ギャンブルにおける第四の波と以前の波との相違点はロトの収益が社会的な目的を支えるため使用されることにあった。以前の波においてはロトの収益によって支えられる社会的な目的は１つでしかなかった。第一の波そして第二の波においてはロトの収益は運河や，橋をかけたり，高速道路を建設することを支えた。社会的な目的が達成されるとロトは存在しなくなった。州がこれらの計画に必要な資金を賄うためにロトを必要としている間は州の住民が州に対して毎日求めている行政サービスを賄うための資金はロトの収益に頼れなかった。この第四の波においてはロトの収益が支える社会的な目的は伝統的に州が資金を供給してきた諸活動であり，公衆は州に対しこれらの活動に資金を供給し続けるように期待している。例えば，カリフォルニア，イリノイ，フロリダ，ニュージャージーなどのような多くの州はロトの収益を教育費を賄うために使用している。これらの資金は新しい学校を建設したりするなどのための補足的な資金ではなく，毎日の学校の運営に使用されるということは指摘されなければならない。他の州ではロトの収益は医療保障（ペンシルバニア）の資金を賄うために使用されたり，地域における警察や消防署を支えるために使用したり（マサチューセッツ）されており，これは政府が行っている日々の活動と同様である。現在の州のロトの形態は１つの目的のために行われるのではなくなっている。これらのロトは州に安定した収益源を供給し，様々な社会的な目的（これは当初，ロトを許可することを正当化するために与えられた）の資金を賄うことができるようになった。しかしながら，州のロトの大部分は安定した収益源ではなくなってきた。ロトはプロダクトライフサイクルの影響を受けるようになっており，当初，売り上げは伸びたが，後にはロトに対する需要は次第に減少した。第４章で見るように，デイリーロトの売り上げはロトを運営しているすべての州で落ちている。それは，アメリカで最もロトの運営に成功したマサチューセッツでさえも同様である。

一方，ロトは賞金が2,500万ドルを超えたときに初めてロトに対する興味が生まれるなどの「大当たり疲労症候群」（jackpot fatigue）に蝕まれている。この現象を克服するために，州は大当たりをより頻繁に出すために協力するようになった。しかし，明らかにロトは州の安定した収入源ではなくなった。わずかではあるが売り上げの増加が見込めるロトはインスタントロトであるが，社会的なサービスを賄う資金源を見つける必要がある行政当局にとっては慰めにもならなくなっている。ロトは正確にはより多くの歳入を必要としている州に収益を供給することができなくなったので，州はより収益に対して潜在的に弾力的な可能性を持つロトとは別のゲーミング形態，つまりカジノに目を向けることとなった。

第五の波：カジノの勝利（1993年～）

1993年にアメリカのゲーミングの歴史上，初めてカジノの上げた収益がロトの上げた収益を上回った。この出来事はゲーミング産業において注目すべき転換点であった。カジノはいまやアメリカにおいてはより好まれるゲーミングの形態となった。そのことは，また，アメリカ人がギャンブルを合法的なエンターテイメントと認めることとなった転換点をも示している。遂に，このゲーミングの発展はゲーミングの運営を私企業に任せることとなった。カジノの運営業者は私企業により所有され経営されている。しかしながら，それらの企業は州により厳しく統制されている。

図１－１はギャンブリングの収益（総賭け金からプレイヤーに払い戻す金額を引いた金額）を示しているが収益は着実に伸びている。そして，カジノの上げる収益がこの収益の増加に大きく寄与していることを示してい

図１－１　ギャンブリングの収益（1988－1998）

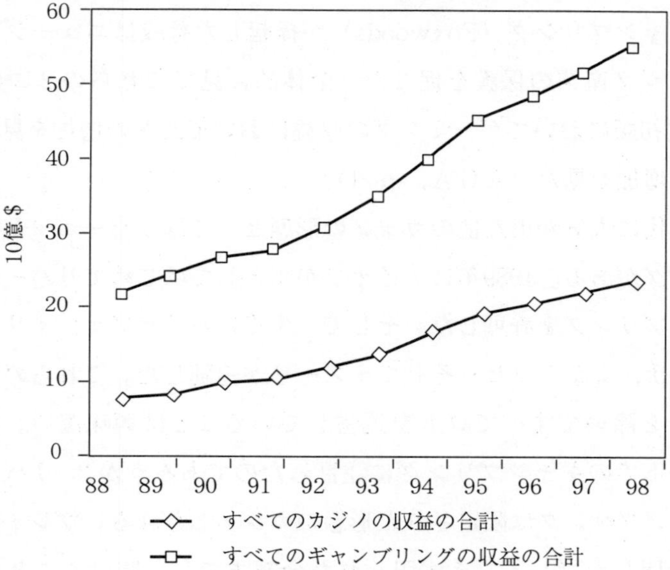

Source：American Gaming Association（1999）

る。1988年にはカジノの上げる収益はすべてのギャンブルの上げた収益の33％であったが10年後には41％になった。一方，パリミューチュアルやロトのような他のギャンブルの形態はこの時期ほとんど収益を伸ばしていないが，カジノの収益は非常に伸びた。

どのようにしてカジノはこのように爆発的に普及したのであろうか？カジノがこのように伸びた理由には３つの理由がある。第一に，1980年代後半にカジノの伝統的なマーケットであるラスベガスとアトランティックシティがカジノ中心の運営形態より休日に家族で楽しめる場としての運営形態への転換を図ったことをあげることができる。例えばＭＧＭがラスベガスにおいて事業を見直す際，カジノ事業を革新するのみならずテーマパークを建設しようとすることが一例としてあげられる。アトランティックシティでは運営に関する様々な規制から自由になることとのみならず，カジノの運営者はホテルの部屋数を増やすことができた。ネイティブ・アメリカン・ギャンブリング（Foxwoods）が提起した脅威はニュージャージー当局にカジノ産業の保護を促した。全体的に見てこれらの２つの地域は1990年代初頭においてゲーミングの収益において22％の増加を見，24％の観光客の増加を見た（ＡＧＡ，ｐ.1)。

1990年代に人気が出た他のカジノの形態としてはリバーボートでのギャンブリングがある。1989年にアイオワが州としてはじめてリバーボートでのギャンブリングを許可した。そして，すぐにルイジアナ，イリノイ，インディアナ，ミシシッピーそしてミズーリが追随した。これらの州はミシシッピーを除いてすべてロトを運営していることは興味深い。なぜ，リバーボートでのギャンブリングに注目したのであろうか？ リバーボートでのギャンブリングは限定された形態のカジノとされる。プレイヤーは一度に２時間しかプレイできず限られた金額までしか賭けることができなかった。例えば，アイオワがリバーボートのギャンブリングを設立したときには，ボートは２時間航海し，客は500ドルまでしか持ち込むことはできなかった。ボートが接岸した後，客はすべて降りなければならず，新しい客が次の航海にむかい乗船することが許可された。しかしながら他の州がリバーボートのギャンブリングに乗り出すにつれ，これらの規制はなくなっていった。

最後のカジノの収益源としてはインディアンによるカジノをあげることができる。1988年に議会はインディアン・ゲーム法（Indian Gaming Regulatory Act：ＩＧＲＡ）を制定した。それにより，インディアンの部族はカジノやビンゴ・パーラーを経済の中心地に開業することができるようになった。いままでの所，これらのインディアンのカジノで最も成功したものとしてコネチカットのフォックスウッド（Foxwoods）をあげることができる。そしてそれは世界最大のカジノであり1995年には８億ドルもの収益をあげている（Harrah's, 1995)。インディアンのカジノが上げる収益は1995年にロトが上げる収益を上回っている。この事実は州当局にとり忘れられない事実となった。ロトで10億ドルもの収益を上げていたマサチューセッツにおいてもフォックスウッドと競争するために州に一連のカジノを設立するという様々な提案を考慮していた。カリフォルニアは近年，インディアンの部族に州内に部族の経済的な発展の手段としてカジノを設立することを許可した。ネバダにおけるカジノの関係者はこれらの施策に強力に反対し，カリフォルニアの住人に対しカジノの持つ潜在的な危険性について様々な宣伝活動をしている。

カジノは，明らかにアメリカにおける爆発的なギャンブリングブームで

図１－２　アメリカのギャンブリングの受容度

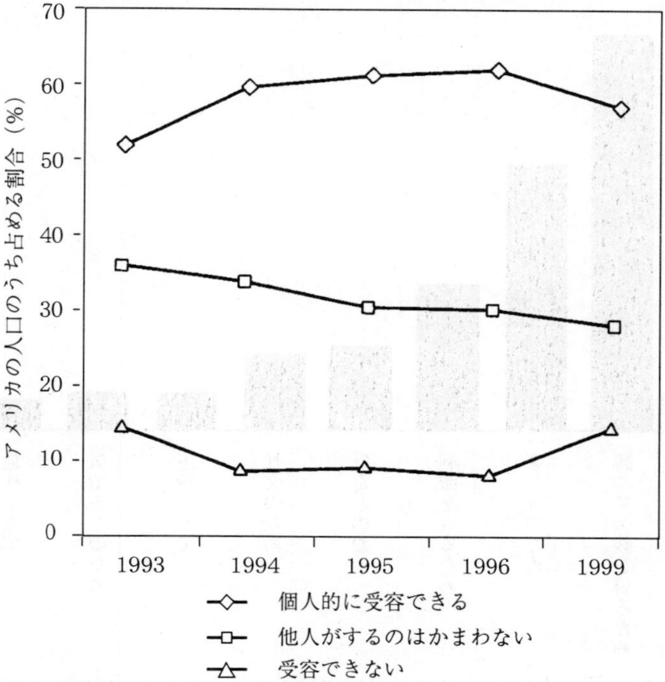

Source：Harrah's Entertainment（1999)

支配的な地位を占めるようになった。明らかにギャンブリングは，特にカジノは図１－２に見るように社会的に認められるようになった。1990年代を通して85％から90％ものアメリカの成人がギャンブリングはエンターテイメントの一形態であると認めており，10％から15％はギャンブリングは政府が非合法化するか禁止すべきであると考えている。ギャンブリングは活動としての正当性を持つにいたり，そして政府に歳入源としてまた，疲弊した地域の経済の活性化のエンジンとして許容されることとなった。

図１－３ではなぜ人々がギャンブルをするかについて示している。「勝って金銭を得るため」という答えは予想されたことではあるが，次の

図１－３　なぜ人々はギャンブルをするのか

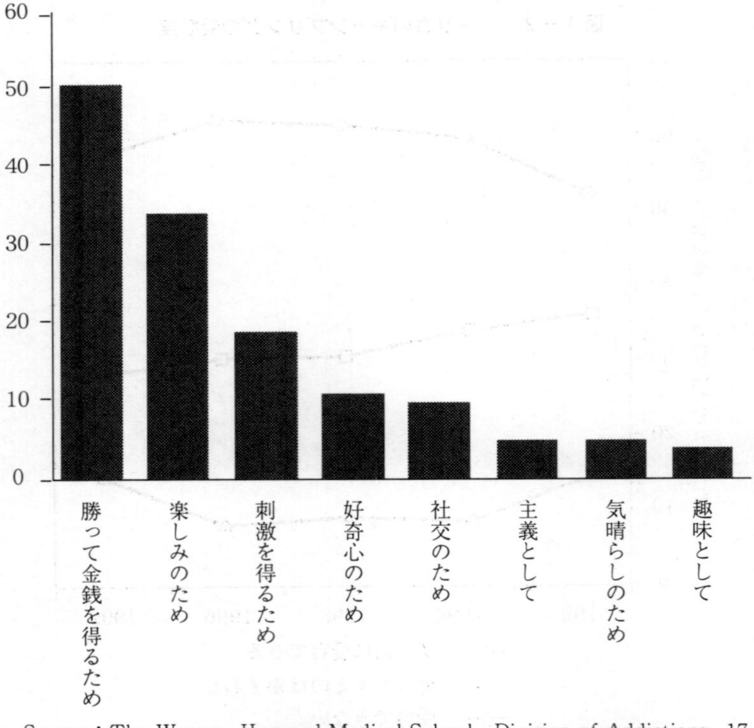

Source：The Wager，Harvard Medical School，Division of Addictions，17 March，1998.

2つの理由である「楽しみのため」と「刺激を得るため」は社会的にも道徳的にもなぜギャンブルが受容されるようになったかに対して興味深い洞察を与えてくれる。勝って金銭を得ることは社会的にギャンブリングが認められる理由を与えることはないが，ギャンブルをするもっともらしい理由ではある。

次の章ではなぜ，ギャンブリングが多くのアメリカ人に社会的にも道徳的にも認められるようになったかについて検証する。そしてそこでは，なぜギャンブリング産業よりゲーミング産業となることを選んだかということについて焦点をあてることとする。何人かの評論家はギャンブリングとゲーミングの違いは「言葉の遊び」であり語義的な違いでしかないとしている。しかしながら社会はいかにしてゲームは文化的そして社会に対して道徳的な意味を持つにいたったかを定義したのであろうか？

ギャンブリングからゲーミングへ：呼び方によって何が変わったか

序　説

前章からは現在のギャンブリングの波について２つの結論が導き出された。第一に，ロトやパリミューチュアルによる賭けを大きな歳入源と見ていた以前のギャンブリングの波と異なり現在の波はカジノに集中している。カジノの劇的な増加はアメリカにおけるあらゆるセクションのギャンブリングを活気づけている。カジノはいまや27州で運営されており，どの地域に住むアメリカ人にとっても車で２時間も走らずカジノにたどり着くことができる（American Gaming Association，1999）。第二に，アメリカの民衆による社会的な認知は以前とは比べ物にならないほどになっている。以前の，ギャンブリングのブームにおいてはギャンブリングは，善なる目的のために必要な資金を賄うために耐えうることができるものという位置づけだったが，いまや，政策立案当局はギャンブリングを必要悪とは見ておらず，エンターテイメント産業のなかで必要不可欠のものとしている。現在，ギャンブリングが合法化されていない州はわずか３州である（ユタ州，ハワイ州，テネシー州）。アメリカにおける道徳そして文化的な伝統を変化させギャンブリングを繁栄させたのは何であろうか？

おそらく，この回答はギャンブリング産業が様々な公的なフォーラムで彼ら自身の産業のことをゲーミング産業と呼ぶことにあるだろう。1990年代にギャンブリングは爆発的にブームになったのでカジノ業界は政策立案当局に彼らの見解を表明する様々な利益団体を設立した。これらの組織はすべて政策立案当局の支援を受けやすいように「ギャンブリング」という用語よりも「ゲーミング」という用語を使用している。

ギャンブリング産業が公的な政策面で働きかけるために設立した組織のうち，先陣を切った組織はアメリカン・ゲーミング協会（American Gaming Association：AGA）であった。また，このＡＧＡは「責任あるゲーミングのための全国センター」（National Center for Responsible Gaming）を支援している。組織化された労働者，出版業者，ホテルの従業員などのギャンブリング産業の関係者はインターラクティブ・ゲーミング会議（Interactive Gaming Council）を設立した。一方，全国インディアン・ゲーミング協会（National Indian Gaming Association）は160ものインディアン自治区を代表し彼らのギャンブリングの運営を保護することを主張している。他のギャンブリングのセグメントを代表する北部アメリカ州ロト協会（North American Association of State and Provincial Lotteries）やサラブレット・レーシング協会（Thoroughbred Racing Association）のような組織もまたギャンブリングということから離れようと努めている。その代わりに，楽しさやエンターテイメント性を前面に押し出している。

なぜ，ゲーミングという言葉はギャンブリング関係者や政策立案当局に好ましく思われるのだろうか？この問いに答えるためにはゲームが何を意味するか，および我々がプレイする様々なタイプのゲームの特徴について定義づけがされなければならない。後に触れるが，社会的に認知され，プレイされているゲームは社会に一般的に広まっている道徳的な考え方を反映したものである。

ゲームの特徴

我々は子供の頃，何度，「これはゲームだから。」という言葉を聞いたであろうか？これは通常，ゲームを「あまりにも深刻。」に捉えているか，あまりにも個人としては損をしている場合に使われていた。毎夏，非常に多くのリトルリーグのゲームに干渉する親達の事例が報告される。つい最近では，フェラディルフィアの郊外でそれは起こった。この出来事はリトルリーグチームの監督（なんと警察官！）がチームのピッチャーに相手チームの最も優秀な打者の頭にボールを当てるように指示したことから起こった。不幸にもピッチャーは成功し，打者は病院送りとなった。しかしながらピッチャーは良心の呵責にさいなまれ当局に彼がいかにして監督に命令され相手チームの打者の頭を狙ったかを告白した。この例に対する反応は「大人が子供にゲームをさせることができないのは恥ずかしいことだ。」という言葉に要約されるであろう。勝つためにあらゆる手段を使うことが強調されていることがここでは描写され，大人が子供たちのゲームに干渉しなかった良き時代に対するノスタルジックな憧れもそこには存在する。大人がしたことは我々が持つゲームの意味を侵害したのであろうか？大人は子供の生活すべての面において規制するが，なぜ，子供のゲームに干渉してはいけないのであろうか？

大人がゲームに干渉することに対する反対意見は，「ゲームは大人の世界の現実から子供たちが守られている特別な世界である。」という意見である。実際，すべてのゲームは通常の世界の外側で開催される。何がゲームの世界をそんなにも特殊にしているのであろうか？

フランスの社会学者ロジェ・カイヨワ（Roger Caillois：1979）は以下に述べるゲームの３つの特徴がゲームを現実から分離しているとした。これらの特徴は，

1　ゲームは自発的になされなければならない。

2　ゲームには限度がなければならない。

3　ゲームには不確実な結果が伴わなければならない。

ゲーム：自発的な行動

ゲームは確かに自由で自発的な行動と定義づけられなければならない。人がゲームを始めたとき，ゲームは楽しみと娯楽の源であることが推測される。もし，人がゲームをすることを強いられたとしたらもはやそれは楽しいことではない。ゲームの持つエンターテイメントの価値が失われたこととなる。人はゲームをやりたいと思ったときのみ行う。この意味においてはゲームは自由で自発的な行動である。

ゲームをしたいという欲求はゲームを楽しいものとしている。ゲームの質は興奮をどれくらい提供できるか，決まりきった世界から抜け出せるかということによって判断される。この自由という意味はゲームをやめることにまで適用される。ゲームをプレイしている人が「もうこれ以上このゲームはやらない。」といえなければならないということなのだ。最後にゲームは財や富を作り出すものではない。参加者がゲームが好きだという理由のみでゲームをしているときには全く非生産的な活動になる。勝利の快感，敗北の苦悩がゲームの参加者が感じる主な感情である。スポーツの純粋主義者が，もはやゲームが好きだからという理由ではない金を稼ぐプロ競技者によって行われる競技を相手にしない理由でもある。

リトルリーグに関する前例では監督はゲームに勝つためには進んでいかなる手段も使い，彼のチームのプレイヤーには「子供であること。」を許さなかった。彼のチームのプレイヤー達は楽しんでいなかったし，それどころか呪わしいことでもありゲームが好きだからゲームをプレイしていたわけでもなかった。

ゲーム：ルールによっての統制

ゲームは現実の世界から乖離している。ゲームは他の生活からも孤立している。批評家はしばしばプロ・スポーツを「大人が子供のゲームをしている。」とさげすむ。すべてのゲームは場所と時間を正確に限定しているところがゲームの現実の世界と異なるところである。プレイヤーはチェッカー・ボードやチェスやレーストラックやフィールドやリングやスタジアムなどを必要とする。ゲームがプレイされている場所から彼または彼女を去らせることはゲームからの失格を意味する。

また，ゲームがプレイされる時間にも限りがある。ゲームは正確に始まりそして終わる。ゲームをプレイする人はルールに従わなければならないか少なくとも従うふりはしなければならない。ゲームを終了させるにはすべてのプレイヤーは審判やレフリーの判断によりその場に留まらなければならない。すべてのゲームは制限され，閉じられ，自然環境から保護されており現実の世界とは全く違う！ゲームは参加者に実際の世界が決して提供しない確実性を提供する。リングやスタジアムの外から人やものを持ち込むことはスポーツマンシップに反するとされ，通常，外から何かを持ち込んだプレイヤーは失格となる。

明らかに，相手プレイヤーを傷つけるようにしむけた監督はゲームのルールを侵害した。彼ら自身の考えをリトルリーグのゲームに持ち込んだ大人はゲームを特徴づけるべき「限定」されており「守られている。」ということを侵害した。審判の判断に対して親が常に抗議したり更には，彼らを暴力で脅かしたりすることは安全を崩壊させゲームが本来行われるべき環境を破壊する。同時に，親がリトルリーグのコーチにどんな手段を使っても勝つことをしつこく要求したり彼らの息子や娘が試合に多く出場できるように要求することは，ゲームが行われる際に遵守されるべきルールの尊厳が侵害することとなる。

ゲーム：不確実な行動

プレイヤーがゲームをプレイし続けることを特徴づけるものは結果の不確実性である。

野球の古い格言で「ゲームの結果はゲームが終了するまでわからない。」という格言がある。ゲームは結果がはっきりしてはじめて終了する。技術を要するすべてのゲームは例えば投球をミスするなどプレイヤーがミスをする危険が伴う。「勝利の快感そして敗北の苦悩がゲームをより興奮させるものとしている。」という古い格言がある。もし，マッチメイクが不公正なものであったらそのゲームはチーム，プレイヤー双方ともにとり退屈なものになるだろうし観客にしても興味を失うであろう。

技術を要さないロトやルーレットのようなゲームでさえ，プレイヤーは勝つことや負けるという可能性が存在することを保証されなければならない。ロトやカードゲームのエンターテイメントとしての価値はすべてのプレイヤーにゲームに平等に勝つ機会があると夢見たり信じたりさせることにある。したがって，技術を要さないゲームのプレイヤーはゲームの運営に大きな信頼を寄せている。もし，その信頼が破られると，ゲームはプレイされなくなる。

再び，ゲームの基本原則を破ったリトルリーグの監督の例に戻ろう。明らかにこの監督の「いかなる手段を用いても勝とう。」という希望は彼のチームのプレイヤーの不確実性を除去するものである。大人がゲームから楽しみを奪ったと責められるとき，正確には大人が結果を組み立てることといえよう。ゲームの結果があらかじめはっきりしているときにはゲームをすることには楽しみがない。子供は彼もしくは彼女の希望に応じてゲームに参入したり退出することができない。

ゲームには他の特質も存在する。以下の３つの特質はすべてのゲームの普遍的な部分といえるであろう。言い換えれば次の条件が満たされるときゲームは公正といえる。

1　プレイヤーがゲームに自由に参入したり退出できる。

2　すべてのプレイヤーにいつい かなるときにも適用されるときにのみゲームを統制するルールは公正である。

3　ゲームの結果はあらかじめ決められることができない。

これらの特質はまた異なったタイプのゲームでも指摘される。

次節では大きく分けると2つのタイプのゲームを定義づけ，分類することとする。

ゲームのタイプ：アゴン（AGON）とアレア（ALEA）

ゲームには多くの分類方法があるがゲームを分類するための鍵となる概念は（特にギャンブリングの一部であるゲーム）はゲームをプレイする際に競争がどのくらいあるか，そしてその競争のタイプはどのようなものかということである。ゲームは一人ではプレイされない（すべてのギャンブリングには競争が必要である。ソリティアでさえ親を相手にゲームを行う)。

競争がどれくらい行われるかということと競争するのに必要な技術の性質は各ギャンブラーが参加するギャンブリングのタイプを決定する。そしてまた，彼らがゲームを行うときのエンターテイメント性や楽しさの程度を決定する。したがって，ゲーム（特にギャンブリング）はゲームが技術に左右されるか運に左右されるかによって分類される。明らかにギャンブリングにはギャンブラーの「技術」と「ひき」に頼る面が存在する。したがって，ゲームをする際により「技術」が必要か，より「運」が必要かということは計測されなければいけないかもしれない。一般的に，ゲームの競争が激しければゲームに勝利するためにはより多くの「技術」が必要であるということはいえよう（例えば，カジノにおけるテーブルゲーム，パリミューチュアルによる賭けなど)。一方，プレイヤー間での競争がほとんどない場合（例えばロト，スロット・マシーン）などのゲームでは「ひき」がものをいうといわれている。

アゴン（Agon）：技術のゲーム

アゴン（Agon）はギリシアの言葉で闘技をする闘技者に由来する言葉である。このタイプのゲームは競争的であり，すべての競技者に平等に勝つ環境を作り出すことが必要とされる。闘技者は疑いもない優越性を主張することができるために理想的な条件下でお互いに顔をあわせる。ゲームの勝利者はスピード，耐久性，力，記憶力，技術に優れていたことによって勝利者になれた。このことは特にスポーツのゲームについていえる。例えばアメリカン・フットボールではすべてのチームは同じ人数のメンバーと同じルールでプレイされる。 ゲームの結果を左右するものはコーチの戦略と選手の技術である。一般的にコーチによる戦略と選手の技術はスポーツをプレイする人々によって評価される。

アゴン的な性格を持つゲームは優越性を示した人が報いられ，認められる。アゴン的な性格を持つゲームは「犠牲」を前提とするからである。このようなタイプのゲームをプレイする人はゲームへの注意を怠ってはならず，適切なトレーニングをし，アゴン的な性格を持つゲームに勝利するためにそれ以外の行動を慎まなければならない。一般的に，アゴン的な性格を持つゲームはトレーニング的な側面とともに戦略的な側面をも持つ。これらの要素は両方とも「犠牲」的な性質を持つ。アゴン的な性格を持つゲームのプレイヤーはゴールを目指す。犠牲的な特質はアメリカン・スピリットと共鳴するものであり，スポーツのヒーローを作り出す一部分である。

ギャンブリングにおいてアゴン的な性格を持つゲームは競馬であり，スポーツ・ベッティングでありブラックジャック，ポーカーのようなカードゲームのような様々なテーブルゲームやクラップスでさえもそうであるかもしれない。これらのアゴン的な性格を持つゲームは勝利を目指すために時間を進んで費やす人に報いる。このゲームのプレイヤーは馬や競技者の癖，カードゲームの傾向，流れが自分に傾いているかどうかということを学ばなければならない。これらが学習されると戦略的に賭け手に勝利のチャンスの増加をもたらすことになる。プレイヤーは戦略的に展開できる「犠牲」を費やし「運」の要素を減らし彼らが長期的に勝利できることを確実にすることを試みる。

アレア（Alea）：運のゲーム

アレア（Alea）は「運のゲーム」を意味している。ローマ人はこの言葉を結果がプレイヤーのコントロールから完全に離れている場合に使用した。したがって，アレアの結果は競争という面よりも運命に左右される。運命は唯一の勝利の決定者であり，勝利者は最も運命に愛された者である。プレイヤーは全く受動的であり，いかなる資源，技術，肉体的努力，知的能力さえ必要とされない。これらのゲームはプレイヤーが負ったリスクの量に比例してプレイヤーが報われる場合に「公正」であると考えられる。

アレア的ゲームは努力や経験を否定するという点においてアゴン的な性格を持つゲームと対照的である。アレア的ゲームで熟達するためのトレーニングすることは無駄な行動である。アレア的ゲームでは「勝つか負けるか。」は完全に運命次第である。不思議な力が働き幸運なプレイヤーに何人もの人が一生稼ぐよりも多い賞金を与える。優秀さはこのタイプのゲームでは全く縁がない。

金銭（賭け）がアゴン的な性格を持つゲームと関連するとき，ゲームをプレイすることは二の次となる（アメリカの大学の競技会に賭けることはゲームの純粋性を失うことになるという現在起こっている論争を思い出していただきたい)。一方，アレア的ゲームはすべて金銭的な原理を持っている。これらのゲームはプレイヤー間に元から獲得していたもしくは後天的に獲得した差異が存在しないので，アレア的ゲームは社会的弱者に「大勝」または彼らが最終的に勝利することによって社会から認められることをもたらす。

アレア的ゲームのプレイヤーの持つ態度はアゴン的な性格を持つゲームのプレイヤーの態度とは対極にある。アレア的ゲームのプレイヤーは常に幸運の変化を示す兆候や前兆を捜し求めている。彼や彼女はどのような運命であれ黙許する。一方，アゴン的な性格を持つゲームのプレイヤーはゲームに勝利するために時間を犠牲にし，努力をしている。

確かに，個人がプレイするゲームのタイプは心理学的な面からだけでなく個人の道徳を統制する道徳的な構造からも説明される。アゴン的な性格を持つゲームをプレイする人は卓越するために犠牲を厭わない。リスクをとるという行為はアゴンのもう１つの特質である。犠牲を厭わないという能力は勝利を得るために進んで危険を冒すことを必要とする。しかし，また，アゴン的な人はイデオロギー的になる傾向がある。アゴン的な人はゴールに到達するためには進んでいかなる手段をも使う。このイデオロギー的な熱意は結果としてアゴン的な人に同意しない人々に対して独善的な態度をとらせることもある。一般的にアゴン的な人は安全よりも自由を好み，目標や夢を追求する自由を獲得するために進んで危険を冒す。

一方，アレア的な人は調和に価値を見出している。アレア的な人は進んで耐え，社会的な平和を達成するために必要な合意を得るために差異をも評価する。また，アレア的な人は進んで自由と安全を交換する。一般的に，他人の犠牲のうえに秀でるという危険を冒すことは良くないこととされている。共同体はアレア的な人にとり究極的に目指されるものであり，個人が調和的な社会を達成することを妨げるあらゆるものは避けられなければならない。アレア的な人は進んで耐え，多くの観点を評価することの遵法者と解釈される。

誰も，完全にはアゴン的な人またはアレア的な人とはいえないが，これらのカテゴリーは人が危険を冒す選好性を表している。同じことが社会にもいえる。一般的にはアメリカの社会はリスクをとるものが報われる社会とされており，ヨーロッパはコンセンサスの形成により重きを置く社会とされている。アメリカはレッセフェール(laissez－faire)の資本主義のチャンピオンとされている。もっとも高い効率性を獲得したアメリカの企業は最も報われるであろう。一方，ヨーロッパ人は効率性とともに平等性に価値を置いた中道の社会を目指しているように見える。

しかし，アメリカ人がリスクをとるということはアメリカ人のギャンブルの習慣が検証されたときには確認されなかった。メリルリンチ（Merill Lynch）の推計によれば（*The Gaming Industry*，1999）カジノのフロアスペースの70％そして75％の収益がスロット・マシーンによって占められている。そして，もしスロットの収益がロトの売り上げに加えられればギャンブリング産業の大部分の収益が「運」のゲームからもたらされたものとなる。アメリカ人は実際，全く受動的なギャンブラーであり，ギャンブリングをもう１つの受動的なエンターテイメントの根源とみている。アメリカ人は名声を得た人について，彼らが努力や，何かを犠牲にしてその名声を得たというより，むしろ，運命によるものであるという固定概念を持っている。例えば，バスケットボールの選手としてのマイケル・ジョーダン（Michael Jordan）の成功は神が与えた才能のお陰であり誰もまねのできないものとされている。しかし，裕福でもなく有名でもなく生まれついた平均的なアメリカ人は彼らの運命をロトを購入し２億ドルもの当選金を得ることにより変えようとする。しかしながら当選金を得る可能性は7,600万分の１である。もはやアメリカ人の大部分は努力ではアメリカンドリームを摑むことはできないと考え，むしろ移ろい易い運に頼るべきだと考えているように見える。このアメリカンドリームの変化はアメリカ人の倫理的判断における変化を引き起こした。犠牲的行為の倫理よりも寛容の倫理が勝ってきたことを示している。そしてその事実がアメリカ人にギャンブリング産業が受け入れられるようになった変化を引き起こした。

犠牲的行為の倫理と寛容の倫理

犠牲的行為の倫理

犠牲的行為が特定の政策の推進のための道徳的な概念として使われる場合，政策立案者は公衆に崇高な目標や目的を達成するためにある利益や権利を放棄することを説得することが可能である。宗教の指導者が容易に犠牲的行為という概念を使い，政治的指導者もまた，第一次世界大戦や第二次世界大戦など国家の重大な危機の場合に使用する。伝統的倫理もしくは道徳的カテゴリーにおいて犠牲的行為の倫理は目的論的となる。つまり，目的，結果志向的なのである。目標は社会にとって良いものを目指すことであり，あらゆる行動は公的に良いことを維持するのに貢献することによって評価される。

公益の面から見れば，良い結果は調和のとれた社会である。このようなタイプの倫理的理由を保守的な政策立案者と関係づけたとすると，保守，リベラル両方の考え方を持つ人に多くの公益の問題についての彼らの姿勢を正当化するために事実上，使用される。ジョン・F・ケネディ（John F. Kennedy）のようなリベラルな政治家は確かに犠牲的行為の倫理を「国があなたに何をするかではなく，あなたが国に何をできるかだ。」という語句でいい表した。つまり，犠牲的行為の倫理を提唱する人は公衆に個人にとって良いことを全体にとって良いことに昇華するように訴えるということなのだ。

興味深い公益の問題として，犠牲的行為の倫理の提唱者は何かを禁止することをよくすることがあげられる。全面的なアルコールの消費を禁止することの支持者はアルコールの濫用はアメリカ中の家族の絆を弱めることにつながると主張した。したがって家族の尊厳を守るため，人がアルコールを飲む権利は犠牲にされなければならないとした。社会はもはやアルコールに関係する人生の無駄を大目にみることができなくなった。禁止主義者からすれば禁止することによって得られた良いことは個人がアルコール飲料を飲む権利よりはるかに価値があることなのだ。しかしながら，大衆の大部分は，すぐにアルコール飲料を飲むことを犠牲にすることを好まなくなった。アルコール飲料を飲むことを禁止することは無効になりこの犠牲的な道徳を強いるという経験は廃止された。犠牲的行為の倫理のカテゴリーがもととなる命令は「個人は社会一般のためにならない限り行動してはならない。」と要約できる。

もっとも極端には，犠牲的行動の倫理の主張者は「目的が手段を正当化する」という主義について責められるかもしれない。彼もしくは彼女にとり何が最良であるかを判断する個人の能力は国が何を必要としているかということに従属している。国家にとって良いことは個人にとって良いことを超える。この倫理は軍隊もしくは宗教上の命令が下された状態と同じである。しかしながら，この倫理が多様な部分から構成される社会に適用されるとき，多くの場合悲惨な結果をもたらす。過去50年にわたる共産主義を思い出す必要があるであろう。しかしながら人間の持つ特質のうち最も気高いものは倫理であろう。つまり個人にとって好ましくないものであってもそれを受け入れる能力のことである。

寛容の倫理

すべてのアメリカ人が学童のころ最も早いうちに学ぶ美徳の１つは寛容である。イギリスでの宗教的迫害から逃れるため，クエーカー教徒はペンシルバニアに入植し，すべての人にいかなる宗教をも信仰することを許したことによってアメリカの歴史の教科書において賞賛されている。また，植民地時代にしばしば宗教的な寛容性は試金石になるのであるが，メリーランドの設立に際してボルチモア（Baltimore）卿は信教の自由を特に迫害されてきたイギリスのカトリック教徒に認めた。マサチューセッツに最初に入植した人々もまた宗教的な迫害から逃れようとしてきた人々であった。しかしながら，ロジャー・ウイリアムス（Roger Williams）がマサチューセッツから離れロードアイランド（Rhode Island）を設立しなければならなくなったときに，すぐに気づいたように寛容はピューリタンの美徳ではなかった。アメリカの歴史には様々な困難があったが，他の大部分の社会と比較しても，異なった国籍，民族と同時に異なった宗教に対して寛容であったことはアメリカ社会の特徴であった。

寛容は公共の福祉を達成するため，もしくは，ある制度を維持するため人の持つ基本的な自由を侵害しないことを必要とする。アメリカ社会は法によって認められている限り社会にとって害のある活動を行う個人の権利を許容しなければならない。

寛容の倫理の最近の例では公益の場で現在広く討論されている銃規制の問題がある。銃規制に反対の立場をとる人々は寛容の倫理を彼らの道徳的公益の論点のよりどころとしている。彼らは，国の大部分が武器を身につける権利になんらかの制限をつけたとしても，武器を身につける権利は認められなければならないと主張している。社会は，彼ら自身の銃に対して制限を加えることを好まない少数者の権利を守るため銃が不適切に使用される可能性をも認めなければならないとした。

寛容の倫理は高貴なアメリカの価値と試みを基礎にしており目的を達成するための手段としての市民はそこには見られない。政府は個人の権利を守るために存在し，個人にある目的のために権利を放棄させるためには決して存在しない。寛容の倫理がもととなる命令は「個人は他の人に害を与えない限りいかなる行動をもとれるべきだ。」という言葉で要約される。

しかし，ほとんどの価値と同じように，この価値も狭い意味で使われた。もっとも悪いことに寛容の倫理は，社会で生きていくために個々人が他人とどのように関係を持つかということにほとんど関連がない個人に焦点を当てた狭量さ，利己主義を推し進めた。この個人を賞賛する行為によって，社会として全ての人が調和して暮らせるために必要な犠牲的行為を個人にしてもらうことが極めて難しくなった。

結　　論

ギャンブリングの問題において，寛容の倫理は犠牲的行為の倫理に勝利した。第１章で見たように，ギャンブリングはアメリカ人の85％から90％に受容されている。これはギャンブリングが私的な行動でありギャンブリングを行っている人を除いて誰も害していないと見られていることを表している。

寛容の倫理が勝利を収め，どれほど公益という概念に影響を与えたかについては別の事例が存在する。受動喫煙の問題がタバコ産業にとりアキレス腱となったことはその一例である。もはや，タバコ産業はタバコを吸うことはタバコを吸う個人を害するだけであるとは主張できなくなった。タバコを吸わない人が喫煙被害を被ったことにより，反喫煙グループは寛容の倫理に基づいて行政当局に反喫煙法案を施行させた（McGowan，1995）。同じような流れから，アルコール産業は飲酒運転の問題に取り組まなければならなかった。飲酒運転者は彼もしくは彼女自身を傷つけるのみならず，全く関係のない第三者をも傷つける可能性がある。したがって大部分の州では厳しい飲酒運転禁止法を施行した。これらの法律の施行によってアルコールの消費は減少した（McGowan，1997）。

しかし他の同類の「罪」の産業と比較し（タバコとアルコール）寛容の倫理はギャンブリング産業に対しては祝福しているようにも見える。もし，プレイヤーが運のゲームをプレイし損失を被ったとしても，被害を被るのはプレイヤーだけであり第三者はギャンブラーの行為により何の被害も被らない。確かにゲームをプレイする人は他人に害を与えないであろうか？寛容の倫理が優勢であるので，ギャンブリング（ゲーミング）は認められるべきエンターテイメントの合法的な形態となった。

寛容の倫理はギャンブリング産業をゲーミング産業にし「ゲームを行うことが可能。」であるレベルから「収益の上がる。」レベルにまで変化させた。ゲーミング産業はいまやアメリカのエンターテイメント産業の最も大きな部分を占めている。アメリカ人はエンターテイメント産業に1999年に1,000億ドル費やしており，内訳は以下のようになっている。

ゲーミング（36%）ケーブルテレビ（22%）アミューズメント・パーク（12%）ビデオレンタル（９%）ライブ・エンターテイメント（７%）映画鑑賞（７%）スポーツ観戦（７%）

これらは図２－１に示されている。ギャンブリング産業はゲーミング産業に進化したが，この事実はギャンブリング産業とエンターテイメント産業だけに深い意味を持つのではなくアメリカ社会全体に深い意味を持つ。

本章の次の２章でこの経済的そして政治的なインパクトを取り上げる。ギャンブリング（ゲーミング）はアメリカ人にとってエンターテイメント産業の主流になったので，各ゲーミング産業の区分（カジノ，ロト，パリミューチュアル）は様々な市場環境に適合していかなければならなかった。

図２－１　1999年におけるアメリカのエンターテイメントに対する支出の内訳

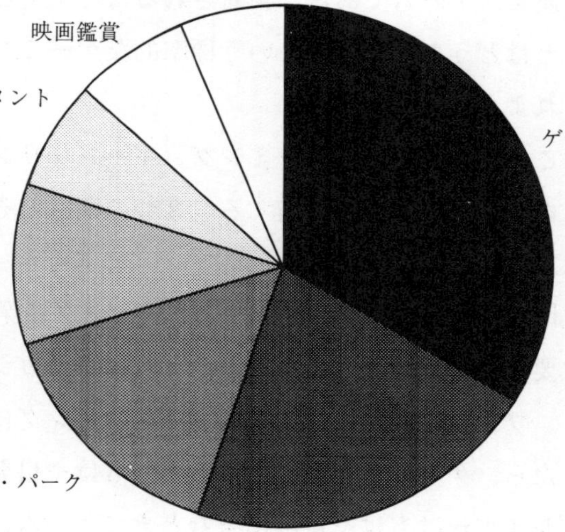

Source：Adapted from US Bureau of Economic Analysis（1999）

これらの市場の変化は非常に異なった様々なゲーミングを生み出した。これらの構造的な変化に対応するために，これらのゲーミングに関係する企業（または州）はこの新しい環境に対処するために様々な戦略をとらなければならない（現存するゲームのマーケティングと同様，新しいゲームの開発)。

ギャンブリング（ゲーミング）産業は常に高度に統制されてきた。アメリカの公衆に認められた新しいゲーミングでさえゲーミング企業の経営者はそのゲーミングの政治的合法性を説得しなければならない。この合法性はギャンブリング産業からゲーミング産業に変化したので小さいものではなくなった。その事実によってこの産業はエンターテイメント産業の一角を占めるにいたった。

前章で述べたようにゲームはある特質を持っている。もし，これらの特質が侵害されたとしたらゲームの概念自体が侵害されたことになる。そして，その産業がゲームであると判断されることを望むのならば，公益法人がゲームとはどうあるべきかという標準的なゲーミング産業を所有することが見られよう。

実際，これらの特質は，ゲーミング（ギャンブリング）産業が直面している大きな公益上の問題に相当する。３つの問題とそれに相当するゲームの特質は以下の通りである。：

1　「依存性」の問題はおそらくゲーミング産業が直面している最も重要な公益上の問題であろう。これは特にカジノ産業に当てはまろう。プレイヤーがある特定のギャンブリングに中毒してしまったとしたら，ゲームをプレイすることはもはや自発的な行為ではない。プレイヤーはもはや自由に望むときにゲームに参入したり退出したりできない。

2　「公正性」の問題はゲーミング産業のうちロトが直面している問題である。実際州のロトは２つの面から公平でないと批判されている。第一に，勝利の確率が時折ひどく低いことがあげられる。第二に，賭け手に払い戻される大当たりの確率が他のギャンブリングよりかなり低いことである。したがってロトは賭け手にとって不公正であるとしばしば批判される。

3　「誠実さ」の問題は常にギャンブリング産業の生死を左右する。もし，賭け手がゲーミングの運営が操作されていると感じたとしたら，公益を代表する当局は常にゲームをプレイする行為を禁止する。我々が以前見たように，これはアメリカの歴史において過去すべてのギャンブリングのブームにおいて起こったことである。現在のブームが過去のブームがたどった運命を避けることができるかどうかということはまだわからない。

第三部ではいかにしてゲーミング産業と公益を代表する当局が上記の公益に関する問題を扱ってきたかを分析する。この問題はいかにして利益と公益の面が相互作用し，お互いに影響を与えてきたについて興味のある人々にとっては大変興味を引く問題である。

第二部ではエンターテイメント産業として発展するにつれ，3つに分類されるゲーミング産業がとってきた様々な経営戦略を検証する。最初に分析される経営戦略は最も巨大な分野であるカジノ産業についてである。

第二部

ゲーミング産業の経済

カジノ産業のセグメント：
ギャンブルを行う場所からメガリゾートへ

序　説

それほど遠くない昔，アメリカにおいてカジノでギャンブリングをしたいと思ったとき，２つの典型的な遠く離れた場所，ラスベガスもしくはアトランティックシティに足を運ばなければならなかった。しかしながら，過去10年でこの状況は劇的に変化した。社会がギャンブリングを受容するにつれて国中に新しくカジノが出現し，ほぼすべての地域に論議を呼ぶアトラクションをもたらした。結果として生じた競争的な圧力は伝統的なカジノの設置地域にかなりの重荷をもたらした。

ゲーミング産業が急成長したもう１つの理由は1990年代初頭のいくつかの州における深刻な経済の状態であった。各州は市民が新しい税金を課せられることを望んでいなかったので新しい歳入源を必要としていた。また，州政府が提供するサービスを徹底的に削減するということは政治的に可能な選択肢ではなかった。州および地方政府はますますゲーミングに歳入の増加を頼るようになった。ロトはギャンブリングのなかで最も公的な形態であった，しかし，州および地方政府は税率を上げるという人気のない政策をとることなく歳入を増加させるため次第にカジノに頼るようになってきた。1999年には３億ドルもの税収がゲーミング産業によってニュージャージー州に収められた（Atlantic City Information Guide)。加えて，ゲーミング産業は経済的に疲弊した州により多くの雇用をもたらし，失業率の低下に寄与した。１つの州でゲーミングの合法化が行われると近隣の他州もそれに追随する現象が起こった。ゲーミングの合法化に失敗すると

表３－１　非ネイティブ・アメリカンのカジノのマーケット

市　場	市場構成比（%）	1999年の収益（$）
ネバダ	40	4,800,000,000
アトランティックシティ	22	3,900,000,000
ミシシッピー	11	2,000,000,000
ルイジアナ	7	1,200,000,000
イリノイ	6	1,000,000,000
インディアナ	5	900,000,000
ミズーリ	4	740,000,000
コロラド	3	N.S.
アイオア	2	440,000,000

Source：Adapted from State of the States：The AGA Survey of Casino Entertainment

いうことはその州に住む住民のギャンブリングに使われる金銭が州を越えて他州に流れることを意味し，それによる潜在的な税収の損失はギャンブリングを合法化するのに十分な大きさであった。前述のすべての要因と社会的なギャンブリングの受容が相まって全米中でギャンブリングの爆発的なブームが起こった。表３－１にはカジノのギャンブリングのマーケットの内訳が示されているのでご覧いただきたい。

本章の次節では1990年代を通じて現れたギャンブリングの新形態の成長に焦点を合わせることとする。つまり，リバーボート，ネイティブ・アメリカン（インディアン）カジノ，電子ゲーミング装置（ＥＧＤ）そしてインターネットのゲーミング。

カジノギャンブリングの選択肢の形態

リバーボートのゲーミング

リバーボートのカジノは長きに渡りアメリカの伝承の産物であった。したがって，その復活はより穏健で自然な形のゲーミング形態といえる。その手法は船を浮かべ組織化されたギャンブリングを行うだけであった。リバーボートという言葉は川船と波止場のゲーミングを含んでいる。それらの違いは，川船はギャンブリングが行われている間，巡航しなければならないが，波止場の施設は船着場に係留され動かないことにある（Talish, p. 75)。

リバーボートのカジノはアメリカにおいては1991年にアイオアで最初のボートが就航するまで許可されていなかった。それ以来，その産業は中西部中に広がりミシシッピー川を下り，ミシシッピー州をリバーボートゲーミングの都にした。1999年までに79のリバーボートのカジノが６州で運営され合わせて61億ドルの収益を上げており，前年度比11.3％の増加であった（AGA Survey of Casino Entertainment, p.2)。表３－２はリバーボートが合法化された６州があげた1999年の累計を示したものである。

多くの人が選ばれてリバーボートの設置された場所は将来的に経済的に恵まれた幸福な場所であると信じている。他の人は経済的な恩恵がギャンブリングがもたらす社会的なコストを上回るとは信じていない。しかしながら確かにリバーボートのギャンブリングはゲーミング産業において重要な地位を占めた。しかし，それはまた増大しつつある多くの問題に直面している。いくつかの州は客がリバーボートで損をする程度に歯止めをかけ

表３－２　アメリカのリバーボートのカジノ

州	リバーボートの数	1999年のゲーミングの収益（百万＄）
ミシシッピー	31	2,010
ルイジアナ	11	1,245
イリノイ	9	1,057
インディアナ	8	920
ミズーリ	11	740
アイオア	9	440

Source：Adapted from State of the States：The AGA Survey of Casino Entertainment

ているが，ほとんどの州ではこの制限を撤廃している。しばしばリバーボートは街から離れた場所にあるので多くを賭けるギャンブラーを引き付けるのが難しく，また，悪天候がボートに損害を与え，アクセスを妨げる可能性がある（Talish，p.75）。しかし，ミシシッピーのチュニカ郡には（田舎でありミシシッピーのなかでも貧しい地域であった）多くのリバーボートがあり，それがミシシッピーをアメリカで三番目に大きなカジノのマーケットにした。リバーボートが未来に渡りどのように存続していくかということは様々な州の政策立案者がどのくらいリバーボートに関する規制を緩めるか，そしてリバーボートがギャンブルをしたくなるようなエンターテイメントを提供できるかにかかっている。

インディアンのゲーミング

1988年にインディアン・ゲーミング法案が通過し，ネイティブ・アメリカンの部族は彼らの居住地にフルスケールのカジノを開設する権利を付与された。その法案は部族に福祉に頼ることを少なくし，インディアンの部族の経済的な発展を促進させるために作成された。連邦政府に認められた554の部族は我々が知るところのＩＧＲＡにより使用されているクラスⅢ（Class Ⅲ）のゲーミング施設を所有している。アメリカのギャンブリング市場は1988年以降，非常に成長し，その収益は２億1,200万ドルにも上った。1997年までにはインディアンのギャンブリングは67億ドルにも上り，それ以外のギャンブリングの収益は205億ドルであった。しかしながら1997年には，設置されている数量にもかかわらず，ネイティブ・アメリカンのギャンブルが上げる収益の半分以上を最も大きな20の施設が上げており，いくつかのカジノはカジノの経営で損失を出している（NGISC，2.9−2.10）。クラスⅢのインディアンのカジノで最も成功した２つはコネチカットにあるフォックスウッド・カジノ（Foxwoods Casino）とモヒガン・

サン（Mohegan Sun）である。双方ともニューヨークやボストンから人を引きつけ1997年の収益は合わせてほぼ15億ドルにも上った（Talish, pp. 112－113）。しかしながらインディアンのゲーミングの最も大きな機会は2000年の３月に出現した。カリフォルニアの有権者がデービス協定（Davis Compact）を認めたのだ。デービス協定は（専門的には2000年３月に選定された条例１Aとして知られている）カリフォルニアの諸部族と知事デービスとの間で広範にわたる議論の後，カリフォルニア議会で可決されたものである。デービス協定はカリフォルニアの最高裁が条例５（1999年11月）は憲法違反であるとしたときに必要となった。条例５は認可されたカリフォルニアの部族に（121のカリフォルニアの部族のうち41が連邦政府に認められている）カジノスタイルのゲーミングを提供することを許可するものであった。この条例が違憲とされたのはカリフォルニアにおけるカジノのギャンブリングを非合法としたカリフォルニアのロトについて規定した法律の条令の存在のためであった。しかしながら次の選挙ではデービス協定は圧倒的多数でカリフォルニアの選挙民に支持された。

デービス協定はカリフォルニアのインディアンの部族に今後20年間に渡り独占的にカジノを経営する権利を与えるものである。この目的はインディアンの部族に自立してもらうためである。しかしながら，これらの部族はスロットマシーンで上げた収益のある割合をカリフォルニア州に収めることとなるだろう。明らかに，もし，州が最大限にスロットマシーンをカリフォルニア州で稼働することを許可するとしたら，州はこの収益源から最大限に利益を引き出そうとするであろう（Dunstan, pp. 2－3）。

これらのカリフォルニアのインディアンのカジノがネバダのカジノ経営に影響を与えるのは時間の問題であろう。明らかにレノやタホー湖のような小さなネバダの市場には非常に大きな脅威になるであろう。カリフォルニアで開かれるインディアン・カジノ・ゲーミングで興味深い点としては伝統的なカジノ企業と様々な部族との間で結ばれたパートナーシップや提携であった。ハラーズ・ステーション・カジノ（Harrah's Station Casinos）とトランプ・カジノ（Trump Casinos）は北米と南カリフォルニアで様々な部族とパートナーシップを形成している。このパートナーシップや提携を形成することは疑いもなく未来に渡り続くであろう。

しかし，インディアンのゲーミングが現在のペースで成長するかどうかということは難しいであろう。多くの州でこれらのインディアン・カジノの発展に対して反動が起きているように見える。例えば，コネチカットではフォックス・ウッドの近くでインディアンの部族によるゲーミング拡張のための追加的な土地の買収を妨げる地域運動が一斉に起こった。

また，居住地にはインディアンの部族はほとんど居住していないか，最近になってゲーミングの経営に参加するために戻ってきたにすぎないという理由から認可されたインディアンの部族に対する取り消しの運動も起こっている。一般に，インディアン・ゲーミングに対する批判者は「部族はもはや自立のためにカジノ・ゲーミングを必要としておらず，州政府により作られた人工的な独占状態のなかで豊かになりつつある。」と主張している。インディアン・カジノが許可されるのであれば，なぜ，インディアン・カジノと競合するための私的なカジノが許されないのであろうか？

様々なインディアンの部族と政府はどのようにこの問題を扱うかということは近い将来興味深く注目されるであろう。この論争の別の興味深い側面としてはギャンブリングの政策決定権を州政府が握るか連邦政府が握るかという駆け引きが存在する。

電子ゲーミング装置（Electronic Gaming Devices）

あなたは「ビデオゲームから金銭が払いだされるのだろうか？」と思うかもしれない。それはビデオゲームのように見えるかもしれないが実際は独立した電子ギャンブリング装置（EGDs）である。これは合法化されたスロットマシーン，ビデオポーカー，ビデオキノそしてバーやコンビニエンスストアそしてレース場に設置されている前述の機械のようなものである。デラウエアのレース場がＥＧＤｓが設置されている有名な場所である。

通常，ＥＧＤは辺鄙で不便な場所にあるが，カジノにおける電子ゲームのようなものを稼働させている。これらの機械は24時間稼働しており，例えば南カロリナでは重要な地位を占めており，約7,500もの最多のＥＧＤｓが報告されている。南カロリナのＥＧＤｓは1997年には25億ドルもの収益を上げている（NGISC，2.4－2.5)。異なった６州のＥＧＤｓの数は表３－３に示されている。

ギャンブリングとはしばしば係わりを持っていない地域ではＥＧＤｓは経済的な恩恵をほとんどもたらさない。「地域社会へほとんど投資しない，価値ある仕事を創設しない。」という意見が存在し，多くの人がお手軽なゲーミングの機械へのより一層の規制の強化を望んでいる。例えば，南カロリナでは2000年の７月からＥＧＤｓの使用を非合法化した。これがゲーミング産業においてほとんど支持されていないゲーミングの形態であり反ギャンブリングの団体はしばしばこれらの機械をクラック（コカイン）のようなものとしている。したがってＥＧＤｓの未来は最も不確かなもので

表３－３　電子ゲーミング装置の数（EGDs）

州	報告されたマシーンの数
ルイジアナ	15,000
モンタナ	17,397
ネバダ	17,922
ニューメキシコ	6,300
オレゴン	8,848
南カロリナ	34,000

Source：Casino Player，June 2000，‘Laugh Development’ p.49－50

あるように思える。

インターネットのゲーミング

あなたがギャンブルをしたいときあなたはもう外にでる必要はない。多くのアメリカ人と同じようにあなたはパソコンの電源を入れインターネットのブラウザを立ち上げるだけでよい。インターネットのギャンブリングは1995年の夏に導入され実質，一夜にして一産業として成長した。1998年の５月までにインターネットは約90ものオンラインカジノを提供した。正確には１年後，250以上ものオンラインカジノが存在していた。サイバースペースにおけるギャンブリングは1998年には累計６億5,100万ドルもの収益を上げた（NGISC，2.15)。インターネットのアクセスの増加，インターネット技術の発展，一般人の金銭のオンライン取引に対する信頼の増加に伴いインターネットのゲーミングがギャンブリング市場で占める地位は未来において高まるように見える。当局が規制をしなければという前提ではあるが，インターネットはますます未成年やギャンブル中毒者をゲーミングに参加させることを防ぐことを難しくさせている。ＥＧＤｓと同様，インターネットギャンブリングはほとんど経済的な恩恵をもたらさない。その上，多くのインターネットのギャンブリングは海外で操作されているので非合法的なサイトにアクセスすることを防ぐことは難しい（O'Brien，ｐ.8)。また，他のカジノゲーミングの形態と同じように当局がどのようにこの形態のギャンブリングを扱うかということはインターネットのゲーミングの未来の可能性を決定することになるであろう。もし，このセグメントのカジノゲーミングが成長を続けたとしたら州政府はゲーミング産業から得られる収益を失うので連邦政府はますます外国の政府にこの形態のカジノギャンブリングを非合法化するように圧力を加えることになるだろう。

また，このような形態のギャンブリングはラスベガスやアトランティックシティなどのカジノの先駆的自治体にどのような影響を与えるだろうか？それらの自治体は確かに経営上，多少は影響を受けた。リバーボート（ミシシッピーを除いて）インターネット，ＥＧＤｓそしてインディアンのカジノはネバダやアトランティックシティに重大な経済的な脅威を引き起こさなかった。すべては潜在的なギャンブラーに選択肢を与えることとなった。

ラスベガスに飛行機で行く代わりにデュバク，アイオアもしくは近くのレース場に行くことを選択するギャンブラーが存在する。本章の次節ではラスベガスやアトランティックシティのような都市がとっている戦略について説明することとする。これらの都市は歓楽街としての地位を保つためにかなり大きな変貌を遂げた。そして，また，いかにしてエンターテイメントの戦略がカジノギャンブリングの産業を根本的に変化させたかについて述べることとする。

メガリゾートの創出

ラスベガスにおけるカジノは彼らの持っていた焦点をずらした。巨大なスーパーカジノやメガリゾートが出現した。ギャンブリングはこれらの巨大なものの基礎とはなるがそこで味わう経験の一部分でしかなくなった。これらの新しい複合的施設は家族全員に機会を与える。ラスベガスはもはや父親や母親だけが行き，ギャンブルを楽しむ場所ではなくなった。家族全員できて楽しめる完全な場所になったのだ（Earley，p.18)。経営者は単にギャンブリングを売りにするのではなくトータルにエンターテイメントのパッケージを販売している。1989年と1990年に巨大なミラージュホテルとより巨大なエクスカリバーがラスベガスで開業された。これらのホテルは彼ら自身をカジノとして宣伝するというよりもエンターテイメントの一形態を提供するリゾートとして提供した。ミラージュホテルはネバダの砂漠のなかにある3,100万ドルもの噴火する火山を外側に持ちエキゾティックな熱帯魚が泳ぐ2万ガロンもの水族館があるポリネシアンタイプの「是非見るべき。」アトラクションとなった。エクスカリバーではゲストを中世のコスチュームをしたホストそしてテレフォンオペレーターが「王国での一日をお楽しみください。」といい牧歌的な中世に引き戻す（Las Vegas Visitor Profile, www. vegas. com）。

他のスーパーカジノもこれと同じような手法をとった。MGMグランドホテルはギャンブリングを行うカジノを持つ最も巨大なホテルである。前面では7つの物語のライオンがホテルをガードしている。ホテルは12の主なアトラクションと巨大なスイミングの複合施設がある33エーカーのテーマパークを内包している。新しいメガリゾートは建設され続けている。例えば3億5,000万ドルかけて建設されたニューヨーク·ニューヨークは自由の女神，ニューヨークの空を背景とした摩天楼コニーアイランドのローラーコースターを再現したものである。ハードロックカフェから独立したハードロックホテルも存在する。そこでギャンブラーは思い出のロックに浸りながら200万ドル以上ものギャンブルを楽しむことができる。

彼らが提供するものが変化したことを強調するためにラスベガスのホテル経営者はメガリゾートという用語を頻繁に使用するようになってきた。これらのメガリゾートはホテル内にアウトレットを開店させ訪問者に彼らの金銭をギャンブリング以外に使用する機会を提供した。新しく訪問する旅行者の多くは10年前の旅行者のようにギャンブルに参加しない。そして，アウトレットの開店は他の休暇を過ごす地域で購入する優雅な服や宝石のようなものを購入する機会を提供した。加えてラスベガスは自身をマーケティングしコンベンションやトレードショーの場所として価値ある場所とした。ラスベガスでのホテルの宿泊費および食事代はカジノの所有者が食事代および宿泊費はカジノで客に金銭を賭けてもらうための費用の一部であると見ているので通常安い。今日では多くの訪問者はカジノでは以前ほど過ごさなくなってきた。より多くの宿泊費および食事代が旅行者によって支払われなければならなくなった。結果としてホテルおよび食事の費用は多くかかるようになった。ラスベガスの平均的な宿泊費および食事代はかつての79ドルではない。かつて数ドルで提供されていた有名な低価格のバフェはいまや10ドルを超える価格で提供されている（Earley, pp. 18−22)。

すべてのカジノの経営者がこれらの変化に喜んでいるわけではない。彼らは訪問客がラスベガスにくる主要な点はギャンブルをすることであり新しいアトラクションやアミューズメントは訪問客をカジノから離れさせてしまうと信じている。また，それらの変化を支持している人々もギャンブルをする人は彼らの金銭を使用できる他の場所に移動してしまうかもしれないとも指摘している。顧客はラスベガスに訪問しており，彼らの多くはギャンブルを行わなかったので有能なカジノの経営者は彼らをカジノに引き寄せギャンブリングをエンターテイメントの一部として提供することが可能となった（O' Brien, p. 77)。

いままでのところこの戦略はどのくらい成功したのであろうか？ラスベガスのコンベンションと訪問客を統括する部局が1999年のラスベガスの訪問客のプロフィールの調査結果を公表した。その調査結果よりラスベガスの訪問客はより長く滞在し，より多くの金銭を使用することが判明した。

表3－4　ラスベガスの訪問者の滞在日数

	1998	1999	増加（%）
一泊以上の訪問者	99%	99%	−
平均滞在日数	4.3	4.7	9
平均宿泊日数	3.3	3.7	12

Source：Las Vegas Visitor Profile Study

ラスベガスは皮肉なことに数日間ではあまりにもすることと見ることが多い都市となった。したがって，平均滞在日数の増加（表３－４），訪問客の増加（10.5%）より部屋数の売り上げの増加（11.6%）が勝っていることは驚くに値しない。

ラスベガスの訪問客はゲーミングおよびその他の活動により多くの金銭を使用している。表３－５は全体で18%増となった典型的なラスベガスの訪問客の増加の内訳を示している。

表３－５　ラスベガスの訪問者の支出

平　均	1998	1999	増加（%）
ゲーミング	469	559	19
宿　泊	216	247	14
飲　食	141	171	21
ショッピング	80	88	10
ショー	28	34	21
計	934	1,099	18

Source：Las Vegas Visitor Profile Study

しかしながら表３－６はこのカジノ産業でとられたエンターテイメントの戦略が国中でいかに成功したかを示している。ゲーミング以外の収益は1999年にはアメリカの主要なゲーミング市場の70%でゲーミングが上げる収益を上回っている。ゲーミングの上げる収益が12%であるのは印象的であるがゲーミング以外の収益は26%とゲーミングが上げる収益の倍以上もの増加を見せている。

３つの要因がこのゲーミング以外の収益の成長に寄与している。第一にラスベガスは安いバフェで有名な都市から洗練された食事をするメッカへと進化した。アメリカには18もの五つ星のレストランが存在するがそのうち２つ（ベラッジオのピカソとミラージュのルノアール）はラスベガスのストリップにある。都市のレストランはいまや「見るべき」アトラクショ

表3－6　ゲーミングと非ゲーミング収益の伸び

ゲーミングのマーケット	1999年の増加（減少）％	
	ゲーミング	非ゲーミング
ラスベガス	18	31
ラフリン	8	11
レノ	4	5
ミシシッピー・ガルフ・コースト	27	46
チュニカ	9	56
カンサスシティ	9	7
アトランティックシティ	4	6
南インディアナ／イリノイ	25	27
セントルイス	16	（5）
レイクチャールズ	1	13
シュリーブポート／ボシィールシティ	7	（5）
ニューオリンズ	9	67
北イリノイ／インディアナ	17	9
計	12	26

Source：Company reports

ンとなり訪問客は料理を楽しむために食事に費やす彼らの予算を増やした。ラスベガスはステージショーで有名であるがこれらのショーは過去５年でより手の込んだものとなり，より高価なものとなった。おそらくラスベガスのエンターテイメントで典型的なものは‘O’であろう。これは１億ドルの劇場で上演される。加えてＭＧＭグランド（MGM Grand）とマンダレイベイ（Mandalay Bay）はバーバラ・ストレイサンド（Barbara Streisand）やエルトン・ジョン（Elton John）のようなトップスターがコンサートを開くアリーナをオープンさせた。勿論そこでは多くのボクシングのイベントが開催される。

しかし，ゲーミング以外が上げる収益がかなり成長したことに貢献した要因はラスベガスのストリップにあるショッピングモールの大成功である。1999年にはラスベガスの訪問者のほぼ53％が買い物をしている。シーザーにあるフォーラムショップスは平均して1,222ドル売り上げている。この数字は全国平均の323ドルのほぼ4倍である。実際，ヴィア・ベラッジオにある高級品店は一平方フィートあたりでより多い収益を上げている（Las vegas Visitor Profile, www. vegas. com)。この傾向は確かに勢いがあるように見える。2000年後半にオープンされたアラジン（Aladdin）にあるデザートパッセージはその店の90％をリースしている。加えてシーザーのフォーラムショップスはトレジャーアイランドの北側にファッションショーモールも含めた240,000平方フィートの拡張を行い2004年までに広さを2倍にしようと計画している。マンダレイのような他のカジノは将来，追加的な拡張を行う予定である。確かに小売はラスベガスの将来において重要な一部となるように見える。しかし，誰がこのように消費するのであろうか？

表3－7はラスベガスの訪問者の人口動態を示している。これらの訪問客の半数はアメリカ西部よりきており25％が南カリフォルニアからきている。

表3－7　ラスベガス訪問者の人口動態（1999）

男　性	47	退職者	28
女　性	53	平均年齢	49.9歳
家計所得		訪問者の居住地	
＜＄20,000	6	アメリカ東部[1]	10
＄20,000－＄39,999	18	アメリカ南部[2]	12
＄40,000－＄59,999	22	アメリカ中西部[3]	18
＄60,000－＄79,999	17	南カリフォルニア	25
＄80,000＞	22	他アメリカ西部[4]	23
No Answer	19	海　外	11

1　CT, DE, DC, MD, MA, NH, NJ, NY, PA, RI, VT. を含む
2　AL, AK, FL, GA, KY, LA, MS, NC, OK, SC, TN, TX, VA, WV. を含む
3　IL, IN, IA, KS, MI, MN, MO, NE, ND, OH, SD, WI. を含む
4　AZ, Northern CA, CO, HI, ID, MT, NV, NM, UT, WA, WY. を含む

Source：Las Vegas Visitor Profile Study

アメリカ第2位のゲーミングの都市であるアトランティックシティはカジノ産業を席巻したこのようなメガリゾート構想にどのように対応したのであろうか？アトランティックシティは外部環境における競争の激化に対応するために近年，カジノ管理委員会委員（Casino Control Commission；CCC）の委員長は以前存在したカジノ管理委員会とギャンブリング産業との間に存在した摩擦を減らした。彼らはカジノの財務状態を改善する大きないくつかの改革を行った。ギャンブリングは24時間可能になった。カジノの拡張は可能になりより収益性の高いスロットマシーンを置くことが可能になった。また，キノやカリビアン・スタッド・ポーカーなどの様々なタイプのゲームが許可された。アトランティックシティでは競馬の中継がカジノでもなされるようにもなった。また，ニュージャージー州は規制緩和を行い，一人の人，1つの会社が複数のカジノを所有できるようにした（トランプ・タージマハール，トランプ・プラザ，トランプ・キャッスルといった具合にである）（O’Brien，pp. 71－73）。

1990年代の半ばにはアトランティックシティでマーケティング戦争が勃発した。現在の規制は以下のことを試みている。

……ギャンブリング施設による広告の範囲を規制する。しかし完全には禁止しない。例えばカジノはレストランやエンターテイメントの会場は宣伝してよいがギャンブリング活動はしてはいけない（NGISC，3.12－3.13）。

アトランティックシティにおけるカジノの経営者は競争相手に損失を被っていると認識している。特にコネチカットのネイティブ・アメリカンのカジノとデラウエアのレース場のＥＧＤｓに対してである。マーケットシェアを取り戻すためにはプロモーション費用の使用が最も可能性のある回答のように思えた。カジノホテルは次第に宣伝を増やし顧客主導で巨額の費用を費やした。

これらにはバスのパッケージ，無料の部屋，食事そしてエンターテイメントの提供を含む。不幸なことに低い収益の伸びはエスカレートするプロモーション費用を相殺するにいたらなかった。そして結果としてカジノの経営者に急激な収益の悪化をもたらした。熱に浮かされたようなプロモーションは流行になった。しかしながらそれに費やされる費用は減少し始めた（Talish，p.57）。

アトランティックシティのカジノの経営者はラスベガスのメガリゾートの成功に追いつこうとしている。1997年の7月にラスベガススタイルのワイルド・ワイルド・ウエスト・カジノ（Wild Wild West Casino）がブロードウォーク沿いに開業し注目を集めた。ニューヨークとワシントン，DC間においては最大の新しいコンベンションセンターがアトランティックシティに建設された。そのコンベンションセンターには500部屋のギャンブルを行わないホテルが付設されている。新しい空港も近く開業される。2億2,500万ドルの回廊プロジェクトはブロードウォークを広げブロードウォークへのアプローチを改善した。また，アトランティックシティは新しいマイナーリーグの野球のチームとも契約した（*Atlantic City Information* Guide，p. 3）。

アトランティックシティで起きた変化はラスベガスで起きた変化とは同じではないが重要である。更にアトランティックシティはラスベガスではないことを理解することは重要である。ラスベガスは国中そして世界中から観光客を引き寄せる。アトランティックシティは東海岸から地域的に観光客を引き付け，そのほとんどは日帰り客である。週末の休みを過ごす東部の人々を魅了するのはギャンブルでありブロードウォークであり海岸である。しかしながらパリやサンフランシスコから飛行機に乗ってアトランティックシティに旅行にくる人はほとんどいない。結果として２つのギャンブリングの中心地の比較は慎重にされなければならない。

明らかにカジノ産業はただ単に潜在的なスロットマシーンや様々なテーブルゲームの顧客を対象としていたときよりもうまくいっている。また，このエンターテイメントもしくはメガリゾートの戦略は非常に多くの資金源を必要とする。本章の次節ではカジノ産業の構造がいかにしてこのようなメガリゾートの建設に必要な資金を得るために革新的な変身を遂げているかについて分析を行うこととする。

カジノ企業

カジノ産業は近年１つの方向に動いている。合併にむかってである。批判されない限り競争力を増すために大きなものはより巨大になる。合併する産業は２つの理由を持っている。第一に成熟した市場には合理化が必要なことが挙げられる。第二に規模の経済がその企業に競争に勝利することを可能にすることが挙げられる。カジノ産業の場合にはこの２つの理由が両方とも当てはまるように思える。巨大な資本を持つ企業は企業規模を拡大し資本規模の小さな企業との格差を広げた。彼らは他のカジノの土地，建物を買収し新しいカジノやリゾートを建設し成長を続ける。巨額の資本を持つ企業グループが未来のカジノの成長と発展の力を示すものとして出現した。この産業での新しい合併と買収が次第にカジノのマーケットを完成させる巨大企業を誕生させた。この状況を理解するためにはこれらの企業は成長という側面そして成長の際に取られた戦略について検証されなければならない。この産業における市場占有率の競争は成長し建設を続ける先行者を生み出した。ミラージュ・リゾート（Mirage Resorts），ＭＧＭグランド（MGM Grand），パーク・プレイス（Park Place Entertainment），ハラーズ（Harrah's Entertainment Inc.），サーカス・サーカス（Circus

Circus Enterprises)，トランプ・ホテルズ・アンドカジノズ（Trump Hotels and Casinos Inc.）は激烈な競争に勝ち残った数少ないリーダー企業である。

この傾向を明らかにするためには各企業と彼らの成長戦略が分析されなければならない。最近の買収は各企業の財務的な業績とともに検証されなければならない。最終的には長期，そして短期の企業戦略の評価が存在するからである。

ミラージュ・リゾート（Mirage Resorts）

ミラージュ・リゾート（Mirage Resorts）はリゾートに重きを置いた先進的なカジノの開発業者となった。スティーブ・ウィン（Steve Wynn）はミラージュのＣＥＯであったがカジノ産業における一匹狼と称されている。1999年の初頭までにミラージュのカジノ持ち株会社はザ・ミラージュ（The Mirage)，トレジャー・アイランド（Treasure Island)，モンテカルロリゾートアンドカジノ（Monte Carlo Resort＆Casino）の株式50％そしてゴールデンナギット（Golden Nugget）とゴールデンナギット－ラフリンホテルズ（Golden Nugget－Laughlin hotels）を所有している。ザ・ミラージュ（The Mirage）は彼らのグループ内で最も巨大なカジノでありネバダ州においては最も営業利益を上げていた。トレジャー・アイランド（Treasure Island）はミラージュの隣に位置しておりネバダで最も収益性の高いリゾートのうちの１つであった。ゴールデンナギット（Golden Nugget）はラスベガスのダウンタウンで最も大きなホテルでありゴールデンナギット－ラフリンホテルズ（Golden Nugget－Laughlin hotels）は比較的小規模でラスベガスの南に位置している。ミラージュは拡張し発展を続けていた。彼らはベラッジォリゾート（Bellagio resort）をラスベガスのストリップに16億ドルでオープンさせ６億ドルのリゾートであるビュー・リベイジ（Beau Rivage）を1999年の７月にミシシッピーのビロクシーにオープンさせた。これらのリゾートは慎重に計画されており将来の成功のガイドとして現存する著名なリゾートの経験を役立てようとしていた。ミラージュは新しいリゾートを建設中であるがミラージュは現存するリゾートの維持と改良にもキャッシュ・フローを利用しなければならない。近年，ミラージュは激化する競争市場において営業利益と１株当たりの純利益で記録的な数値を上げた。

しかし，ミラージュは新しいリゾートの建設のために負債レベルをかなり上げなければならなかった。スティーブ・ウィン（Steve Wynn）はまだミラージュの負債のレベルは収益に比べて低いと考えていた。ミラージュはベラッジォリゾート（Bellagio resort）やビュー・リベイジ（Beau Rivage）が上げるキャッシュ・フローでこの負債の利子を賄えることができると期待していた。このキャッシュ・フローは他の将来の拡張と建設を賄うことができると考えられていた。1998年10月にミラージュ・リゾートはニュージャージー州の州当局とアトランティックシティにおける高速道路の改良工事について合意に達した。その合意はマリーナの地区においてリゾートを建設しようとするミラージュにとり重要なものであった。1998年12月にもミラージュの成長計画は続き，ブロードウォーク・カジノを取得する合意にも達した。ブロードウォークはラスベガスのストリップのベラッジォとモンテカルロリゾートの間に位置しているカジノホテルを経営していた。この買収によってミラージュは42エーカーもの事業を展開することが可能になった。ミラージュ・リゾートはマーケットシェアを増やす戦略を買収と建設を通じて実現した（www.mirageresorts.com)。

ミラージュ・リゾートがいまやゲーミング産業と呼ばれる状況を形作るカジノ企業であったことは疑いのないことである。しかしながら 買収による成長戦略は続かなかった。拡張によるミラージュの累積負債はウィンを圧倒した。多くの株主の交代によりウィンはＭＧＭグランド（MGM Grand）のミラージュに対しての44億ドルの買収提案を受け入れた。今度はＭＧＭグランドが買収戦略によるこの成長がカジノ産業において成功するかどうかということを決定することとなったわけである。

ＭＧＭグランド（MGM Grand）

ＭＧＭグランド（MGM Grand）は現在カジノ産業において大きな力を持っている。ミラージュの買収によってＭＧＭグランドはアメリカにおける第一の市場であるラスベガス，および第二の市場であるアトランティックシティで支配的な地位を占めた。また，新しく開設されたデトロイトのカジノ市場でも支配的な地位を占めた。ＭＧＭはラスベガスにあるＭＧＭグランドホテルとカジノを所有し経営している。ＭＧＭはオーストラリアにＭＧＭグランド・ダイアモンド・ビーチホテルとカジノとラスベガスにあるニューヨーク・ニューヨーク（New York－New York）ホテルとカジノの50％の株式を所有している。ＭＧＭは資産を拡張し，費用抑制計画を実行しマネジメント・チームの深化を試みた。その結果として2000年の第一期には非常に良い業績を上げるにいたった（www.prnewswire.com）。

1998年の12月にＭＧＭはプリマドンナリゾーツ（Primadonna Resorts）の買収によって成長しようとする戦略を立てた。プリマドンナリゾーツはプリム，ネバダに３つのホテル・カジノリゾートを所有しておりカリフォルニアに２つのチャンピオンシップのゴルフコースを所有している。プリマドンナの株主はMGMグランドの普通株95億ドルを受け取った（Travel Agent, 1998）。デトロイトのＭＧＭグランドも成功裏に開業した。そのなかには73,000平方フィートもの広さのカジノがあり2,300台ものスロットマシーン，80台ものテーブルゲーム，そしてレストランとバーが設けられている。８億ドルものホテルとゲーミングの複合施設が開業した。開発計画では４年間の一時的な施設とされたが８億ドルものホテルとゲーミングの複合施設が開業された。プリマドンナの買収と新しいデトロイトのカジノはＭＧＭの経営を拡張し，収益源を多様化することにより財務諸表を改善した。一般的にＭＧＭは良いホテルとエンターテイメントの施設を提供する特別なマーケットにおいて支配的な地位を占める戦略をとってきた。

パーク・プレイス・エンターテイメント（Park Place Entertainment）

パーク・プレイス・エンターテイメント（Park Place Entertainment）は床面積と収益の面から最大のカジノ企業になった。バリーズカジノズ（Bally's Casinos），コンラッド・インターナショナル・ホテルズ（Conrad International Hotels），フラミンゴホテルズ（Flamingo Hotels），グランド・カジノズ（Grand Casinos），ヒルトン・カジノズ（Hilton Casinos）などが所属している。パーク・プレイスはカジノゲーミングだけを経営している企業でありネバダ，ニュージャージー，そしてミシシッピーといったアメリカにおいて最も大きな３つのゲーミングのマーケットすべてにおいて重要な地位を占めている。ヒルトンホテルのカジノ部門とグランド・カジノズの３つのミシシッピーリゾートが1998年の12月31日に合併した。この合併により18のカジノ，23,000ものホテルの部屋，そして140万平方フィートのギャンブルのスペースを持つ世界的な企業が誕生した。また，パーク・プレイス・エンターテイメントはオーストラリアとウルグアイにもリゾートを所有している。この合併した企業は昨年６億5,000万ドルものキャッシュ・フローを創出した。この合併によってヒルトンホテルはホテル企業とカジノ企業に分割されることとなった。ヒルトンはアメリカに260ものアップスケールのホテルを持つ著名なホテルである。グランド・カジノズはアメリカン・インディアンのカジノマネジメント企業から分離し，レイクス・ゲーミング（Lakes Gaming）に所属することとなった。

ヒルトンは3つのミシシッピーリゾートをグランド・カジノズから12億ドルで買い取った。そこには6億5,000万ドルの株式と5億5,000万ドルの負債が含まれていた。スティーブ・ボレンバッハ（Steve Bollenbach）はヒルトンホテルの最高経営責任者として残留しパーク・プレイスの会長も務めることとなった。アーサー・ゴールドバーグ（Arthur Goldberg）はヒルトンのカジノ部門を率いた後，パーク・プレイス・エンターテイメント（Park Place Entertainment）の最高経営責任者に就任した（*Biloxi Sun Herald*，p. 42)。

パーク・プレイス・エンターテイメントは拡張を続け，彼らのゲーミングに関する資産を増加させ続けている。1999年4月27日にはパーク・プレイス・エンターテイメント（Park Place Entertainment）はシーザーズ・ワールド（Caesars World Inc.）を買収することに合意し，スターウッド・ホテル&リゾート・ワールドワイド（Starwood Hotels & Resorts Worldwide Inc.）からゲーミング資産を買収することに合意したと報告した。この買収は総計30億ドルにも上ったがラスベガスにあるデザート・イン（Desert Inn）は除外されていた。両企業の取締役会が許可し，すべてが現金で取引されたとすると1999年の第四期には買収が完了する。この取引によってパーク・プレイス・エンターテイメントは29のゲーミング施設，ほぼ200万平方フィートものゲーミングのスペース，そしてアメリカそして世界中に約28,000ものホテルの部屋を持つなど資産を飛躍的に増加させた。スターウッドのゲーミング資産を手に入れることによってパーク・プレイスは以下の追加的なマーケットを手に入れることとなった。

・　ラスベガスにあるシーザーパレス
・　シーザーズ・アトランティックシティ
・　シーザーズ・タホー
・　インディアナのハリソン郡にあるグローリー・オブ・ローマリバー

ボート

・　ミシシッピーのチュニカにあるシェラトン・カジノ＆ホテル

・　デラウエアのドーバーにあるドーバー・ダウンズレース場のスロットマシーンの管理会社

また，パーク・プレイスは様々なジョイント・ベンチャーから利益を得ている。ハリファックス（Halifax）とシドニー（Sydney）にノバスコティア，ウインザー，オンタリオ，フィリッピンのマニラ，南アフリカのゴーテン（Gauteng）郡のゲーミング資産のための不動産および資産管理会社を置いているがそこから利益を得ているのである。パーク・プレイス・エンターテイメントはこれらの投資的事業を様々な理由から戦略的に重要であるとしているように見える。パーク・プレイス・エンターテイメントはゲーミング資産を最も所有していることと同じくらい国際的に認知されてきている。また，スターウッドの買収はパーク・プレイスに初年度から利益を増加させた。そして，将来の潜在的な爆発的成長をもたらすことになろう。この動きはインディアナにおける地位を確立することによってパーク・プレイスに地理的な多角化をもたらした。インディアナはアメリカで５番目に成長しているマーケットである。また，パーク・プレイスはカナダ，フィリッピン，そして南アフリカでゲーミング市場における国際的な存在を増しつつある。シーザーブランドと顧客データベースの買収は収益を増加させ，パーク・プレイスが関与しているゲーミングマーケットを広げることとなった。パーク・プレイスは非常に戦略的な立地にある資産もしくはアトランティックシティやラスベガスにおいて将来，発展する可能性が高い資産を取得しているように思われる。この動向はパーク・プレイスに２つのゲーミングの主要な市場で潜在的な飛躍的な成長と市場占有率の増加を可能にするだろう。アメリカにおける最も大きな３つの市場，そして世界中で先進的なゲーミング企業を手に入れることによって彼らはポートフォリオを多様化し収益の流れを確実にし個人市場における変動による影響を減らすことに成功した。

ハラーズ・エンターテイメント（Harrah's Entertainment, Inc.）

ハラーズ・エンターテイメント（Harrah's Entertainment, Inc.）はアメリカにおいて最も尊敬されそして認識されている名前の１つとなっている。ハラーズ･エンターテイメントはハラーズ（Harrah's），ショーボート（Showboat），リオ（Rio）の名前で経営を行っており，オーストラリアのシドニーではスター・シティカジノ（Star City）を経営している。ここ数年，ハラーズは全米にカジノを展開することによって強固な財務基盤を構築した。彼らはどのカジノ企業よりも大きな市場を持っておりアメリカの人口の３分の１が車で３時間以内にハラーズのカジノに着くことができると主張している。カジノのライセンスは限られており，その多くはすでに割り当てられているので彼らはこの主張を唯一することができると自信を持っている。彼らは住宅に近いところに施設を持ちトータル・ゴールド(Total Gold）のような顧客に報酬を与えるシステムを通じて顧客との関係を創出しようと試みている。トータル・ゴールドはプレイヤーに対する報酬と認知のシステムであり航空会社におけるフリクエント・フライヤー・プログラムと似たものである。これは顧客の活動をすべてのハラーズブランドの施設に結びつける。プレイヤーはゲームをプレイすることによってポイントをため国中のハラーズのカジノすべてで現金，商品，食品，宿泊，ショーのチケットの形で受け取ることができる。これにより，顧客にハラーズのカジノを選択する動機づけを与えることとなる。顧客がハラーズを利用し易いことと結びついて，ハラーズは他のカジノと比べ優れていると感じている。彼らは優れた技術，知識，顧客との関係を持ち，激しい競争環境のなかで成功できると感じている（www.harrahs.com）。

1998年の6月にハラーズ・エンターテイメントはショーボートを手に入れた。この取引は約12億ドルの取引であり，キャッシュで5億1,900万ドル，負債が6億5,000万ドルが含まれていた。ショーボートはラスベガスとアトランティックシティにカジノを所有し経営しており，オーストラリアのシドニーにスター・シティカジノ（Star city casino）を所有し経営している。また，インディアナの東シカゴのショーボート・マージ・グラスカジノ（Show- boat Mardi Gras）も55%を管理している。この動きはアトランティックシティでよく知られたブランド・ネームで戦略的に存在感を増すことを与えた。この行為はハラーズにアトランティックシティのショーボートが持つ1,300万人もの顧客に接触することを可能とし，シカゴにあるショーボート（Showboat）のリバーボートのカジノを手に入れることにつながりシティの熱心なギャンブラーを引きつけるためにシカゴにおける存在感を強めることとなった（*New York Times*，1997）。1998年の9月にはハラーズはリオ・ホテル&カジノ（Rio Hotel & Casino）を5億1,800万ドルの株式の取引で手に入れた。この買収によりハラーズは19のカジノがあるリゾートスタイルのカジノを手に入れたことになった。ハラーズのカジノのうち9つはホテルが付属しており9,150の部屋と3万人以上もの従業員を雇用している。リオ・スイート・ホテル&カジノ（Rio suite Hotel & Casino）の名前は残される予定であり約2,600ものスィートが稼働することになる。

ハラーズは同タイプのカジノでプレイすることを好まない顧客のために累計1億7,000万ドルの損失を被っているとしている。この合併によって顧客はより巨大なハラーズの施設から多様性に富んだ選択をすることができるようになった。リオはブランドを保持することになり，合併は2社双方に恩恵をもたらすものとしている。彼らは財務的基盤とハラーズの名前をもとにラスベガスの外に拡張し始めることができると感じている。大部分の人は1つのカジノだけではギャンブルをしない。彼らはカジノに出入りしギャンブルをプレイする。ハラーズは1つの企業の下に他のカジノリゾートから移動してくる顧客を捕まえることができる点が彼らの有利な点であると感じている。

サーカス・サーカス・エンタープライズ（Circus Circus Enterprises, Inc.）

サーカス・サーカス・エンタープライズ（Circus Circus Enterprises, Inc.）はネバダに10の施設を所有している。内訳はラスベガスにザ・サーカス・サーカス（the Circus Circus），ルクソール（Luxor），エクスカリバー（Excalibur），スロット・A・ファン（Slots－A－Fun），レノにサーカス・サーカス（Circus Circus），ラフリンにコロラド・ベレ（Colorado Belle）とエッジ・ウォーター（Edgewater），ジーンにゴールド・ストライク（Gold Strike）とネバダ・ランディング（Nevada Landing），そしてヘンダーソンにレイルロード・パス（Railroad Pass），サーカス・サーカスはラスベガスのシルバー・シティ（Silver City）とモンテカルロ（Monte Carlo）を経営しておりレノのシルバー・レガシー（Silver Legacy）の株式の50％を所有している。また，サーカス・サーカスはミシシッピーのチュニカ郡のゴールド・ストライク（Gold Strike）を所有し経営している。そして，イリノイのエルジンのグランド・ビクトリア（Grand Victoria）の株式を50％を所有し経営している。かつてサーカス・サーカスとヒルトン・ホテルの合併の話があった。しかし1998年の3月にその話は流れた。デトロイトでの建設において施設および権利上の法的紛争が起こり合併が止りやめになったのである（*New York Times*, 1998）。近年，サーカス・サーカスはミシシッピーのチュニカ郡のゴールド・ストライク・カジノ・リゾート（Gold Strike Casino Resort）を拡張し改築した。また，サーカス・サーカスはラスベガスのストリップのルクソールの隣にマンダレイ・ベイ・リゾート(Mandalay Bay Resort)を開業した。これは43階建て3,700室であり，11エーカーの砂浜に特徴づけられた熱帯のサンゴ礁，４分の３マイルの川くだり，一辺３万フィートのスパ，そしてレストラン，ナイトクラブなどのアトラクションなどがある。サーカス・サーカスは買収と建設により拡張し続け，良好な財務の成果を上げた。

トランプ・ホテルズ・アンド・カジノズ（Trump Hotels and Casinos Inc.）

トランプ・ホテルズ・アンド・カジノズ（Trump Hotels and Casinos Inc.）はここ数年，カジノおよびゲーミング産業で著名な名前となっている。トランプ(Trump)はトランプ・タージ・マハール(Trump Taj Mahal)，トランプ・プラザ・ホテル・アンド・カジノ（Trump Plaza Hotel and Casino：これはトランプ・ワールドフェアを含む）そしてトランプ・マリーナ・ホテル・カジノ（Trump Marina Hotel Casino……前トランプ・キャッスル)，ニュージャージー，アトランティックシティにあるいくつかのカジノホテル，ミシガン湖，バッフィントンハーバーにあるインディアナ・リバーボート・カジノ（Indiana Riverboat Casino）を所有し経営している。ドナルド・トランプ（Donald Trump）は彼のカジノ資産を売り払おうとし数社の不動産投資信託会社と交渉していると1998年の１月には思われていた。トランプは伝えられるところによると17億ドルの負債がある高いレバレッジを持つ資産について良い取引ができるものと思っていた。しかしながらこの取引は行われずトランプ・ホテルズ・アンド・カジノズは復活への道を辿り始めようとしている（*Investment Dealers Digest*, 1998)。

トランプは以前スティーブ・ウィンのミラージュがＭＧＭを売却するこ

とを決断したときと同じ問題に直面している。トランプは1998年と1999年に大きな収益を上げたが，彼はまだトランプ・マリーナ（Trump Marina）の再融資のためにかかる重い財務的コストとトランプ・インディアナ・ホテルズ（Trump Indiana Hotels）の開業前にかかるコストに直面している。問題はトランプが十分なキャッシュ・フローを用意できるかということである。

トランプはこのキャッシュ・フローを用意するために更なるコストの削減を試みているように思える。１つの方法として３つのアトランティックシティホテルのカジノのオペレーションと購買部門を集約化させることにより規模の経済を達成し，コストの削減を図ろうとするものであった。収益を最大化するためのマネジメント・チームが経営資産をうまく調整しトランプの販売促進費とゲーミングの費用を数年前と比較し削減した。トランプはカジノが現存する施設の効率性を上げたのでカジノに力をいれるようになった。そして，トランプがコストを削減し，同時に収益を増加させたとするならば，結果として捻出されるキャッシュ・フローはトランプ・ホテル・アンド・カジノ・リゾーツ（Trump Hotel and Casino Resorts）を救うことができよう（www.trump.co）。

トランプが彼の所有するカジノ部門を強化しカジノの御三家であるＭＧＭ，パーク（Park），ハラーズ（Harrah's）と競争できるようになる可能性があるかもしれないことは興味深いことである。ウィンがミラージュをＭＧＭに売却したときに彼はラスベガスの砂漠から撤退したが，トランプはアトランティックシティの海岸に彼が最後に拠って立つ場所を定めているように見える。トランプはいままで幾度も破綻してきた。そしておそらく彼はいま一度，動きの激しいカジノ産業でメジャー・プレイヤーとして生き残っていくことができよう。

結　　論

カジノ産業を観察したとき1つのことは明らかであろう。合併，統合は重要なことであるということである。合併・買収は近年，大きな資本を持つ多くの企業にとり主要な経営方法となっている。企業は企業を買収することによって，もしくはより多くのカジノ・ホテル・リゾートを建設するために戦略的な場所を買い上げることによって成長し拡張し続ける。大企業はより小規模の企業を食べつくし更に格差を広げ続ける。収益を増加することはより競争が激化する産業内で成功するためには最も財務的に健全な動きである。過去数年に渡り各社は買収と建設により大きな成長を見せた。これらの巨大企業は戦略的により多くの企業を買収し相互に有利となるようにしてきた。カジノ産業は「大きなことは良いことだ。」というモットーを具体的に表した産業であろう。

また，カジノ企業はブランドネームを構築する必要がある産業としてもよく知られている。ハラーズ(Harrah's)とパーク・プレイス(Park Place)はもはや場所を選ばない顧客ではない顧客の創出に特に力を注いでいる。カジノの専門家は平均的なカジノのプレイヤーは1つのカジノでゲーミングに費やす支出の25%に満たない金額しか支出しないと推計している(Earley, p.38)。カジノ産業のうちすべての主要な企業は様々なマーケットにおいて存在している（全国，地域，インディアンの居住区にも）ので，これらの企業は彼らがカジノを経営している様々な場所すべてでプレイヤーを彼らのカジノに誘導することを試み始めた。したがってカジノ産業は2つの面で課題に直面することとなった。第一にカジノ産業はそのエンターテイメント性を拡大し，より多くのアメリカ人の割合に訴えなければならないことである。第二にカジノ産業における企業は彼らがギャンブラーに提供できる報酬につきお互いに差別化を図る必要があるということである。近年，ゲーミング以外による収益はゲーミングによる収益よりも成長しているが，どのカジノの未来もいかに多く個人のギャンブラーが支出する割合を得ることができるかに拠っている。

本章の焦点はカジノ産業がギャンブリングに費やされる資金のためにどのように競争を繰り広げているかであった。しかしギャンブリングの収益をめぐり競争しているギャンブリング産業のセグメントはあと２つある。つまり１つはロトでもう１つはパリミューチュアルの賭けである。続く２章ではこれらのギャンブリングのセグメントがどのように似たようなゲーミングであり大成功したカジノ産業と競争するために戦略を展開しようとしているかについて分析することとする。

州の好むゲーミング：ロトと様々なロトをめぐる戦略

序　説

第１章では歴史を通じてアメリカ社会が様々な段階でギャンブリングが認められてきたことを指摘した。しかし，ギャンブリングが許容されているレベルは現在，かつてないほど高まっている。この新しく見られるようになった「寛容」の１つの理由は「ゲームとは何であるか。」の認識，そしてアメリカ社会の標準となったゲームのタイプ（すなわち運がものをいうゲーム）の変遷であろう。ロトの場合，ロトがよい目的のために資金を集めることができるということはこの新しいギャンブリングに対する寛容性に寄与している。したがって追加的な収益に対する政府の必要性とある目的を達成するための社会のゲーミングに対する寛容性はロトのコミッショナーがロトを運営する戦略を形成するときに考慮されなければならない。

そのような戦略を詳細に描写する前に，戦略という言葉がこの状況では何を意味しているかを定義づけることは必要であろう。ギリシャでの意味は「将軍の策」を示しており軍事的な背景をもとに多くの人を畏怖させるという意味を持っている。このような戦略の定義づけは組織を運営する人，特にロトを運営する人に有用なアナロジーを提供する。防御するか攻撃するかという戦略を実行する前に将軍はまず側面を固める用意をしなければならない。カジノ産業の戦略は統合戦略を発展させた。この戦略の発展はギャンブリングがエンターテイメントの一形態として受容されるようになったときにカジノ産業に提示された機会を利用するものであった。

カジノと同じようにロトのコミッショナーはどのように新しいエンターテイメント環境で競争するのかという問題に直面した。その問題を解決するためにコミッショナーは賭け手によって使われエンターテイメントに支出される資金を誰と競うのか，そして賭け手自身は何に興味を示すかを見出さなければならない。一般の人はロトをエンターテイメントの一形態とみなしているのでロトのマネジメントはロトの購入者に夢を見せる必要がある。賭け手はそれぞれ異なった夢を持っているのでロトはこれらの夢を現実にするために多様性のあるものである必要がある。多様性は人生のスパイスである。そしてこの自明の理は特に人生を大きく変えようとする人に応える事業に当てはまる。

株主に対して投資した金額に見合うだけの高い配当で応える必要があるカジノと異なりロトのコミッショナーは様々な政府の利益を充足させなければならない。利害関係者はギャンブリングに反対している教会のグループから無名のギャンブラーまでの利害を持つ社会グループと同時に議会，管理部門などの様々なグループを含む。したがって何がロトの戦略を成功させるのかを定義づけることは把握することが難しい多くの要素を含んでいる。

州のロトの戦略的計画を実行する際にはロトのコミッショナーは様々な顧客の要求に応えるために様々なゲームの形態を展開する必要がある。したがってくじのゲームの大部分は３つのタイプのゲームに多様化している。つまり，デイリーナンバーズ，インスタントゲーム，そして通常のロトである。いくつかの州はキノに乗り出し，他の数州は，実際は様々なスロットマシーンであるビデオ・ロトの端末を置くことを許可した。

すべてのロトは多角化戦略をとってきたが，どの形態のロトがおもに運営されてきたかを観察することは印象深いことである。表４－１と表４－２は1995年から1999年までの間にどのようにロトの形態の構成を変化させ

表4－1　アメリカのロトの売り上げの内訳（1995）

州	デイリー	ロト	インスタントゲーム	キノ
アリゾナ	—	43	57	—
カリフォルニア	3	61	26	10
コロラド	—	40	59	2
コネチカット	25	50	25	—
デラウエア	50	30	20	—
DC	74	16	10	—
フロリダ	21	45	32	—
ジョージア	38	20	38	4
アイダホ	—	27	73	—
イリノイ	30	31	38	—
インディアナ	10	35	55	—
アイオア	1	28	69	—
カンザス	3	34	44	19
ケンタッキー	21	23	56	—
ルイジアナ	16	43	41	—
メーン	6	23	71	—
メリーランド	49	13	16	22
マサチューセッツ	12	9	65	14
ミシガン	41	23	35	1
ミネソタ	6	20	74	—
ミズーリ	13	30	57	—
モンタナ	1	79	20	—
ネブラスカ	1	14	17	68
ニューハンプシャー	5	32	63	—
ニュージャージー	46	29	25	—
ニューメキシコ	4	28	68	—
ニューヨーク	27	30	27	16
オハイオ	25	22	53	—
オレゴン	1	21	47	31
ペンシルバニア	40	25	35	—
ロードアイランド	24	27	19	30
サウスダコタ	3	41	56	—
テキサス	4	33	63	—
バーモント	3	16	81	—
バージニア	39	28	33	—
ワシントン	4	42	51	3
ウエストバージニア	12	28	49	11
ウイスコンシン	10	27	63	—

Source：The Massachusetts Lottery Commission

表4－2　アメリカのロトの売り上げの内訳（1999）

州	デイリー	ロト	インスタントゲーム	キノ
アリゾナ	2	50	48	－
カリフォルニア	3	46	43	8
コロラド	－	35	65	－
コネチカット	21	19	60	－
デラウエア	42	44	14	－
ＤＣ	64	21	15	－
フロリダ	22	49	29	－
ジョージア	39	17	41	3
アイダホ	－	32	68	－
イリノイ	32	32	36	－
インディアナ	9	35	56	－
アイオア	2	30	68	－
カンザス	2	33	45	20
ケンタッキー	27	28	45	－
ルイジアナ	20	40	40	－
メーン	6	20	74	－
メリーランド	44	12	18	26
マサチューセッツ	11	6	67	16
ミシガン	42	20	37	1
ミネソタ	3	25	72	－
ミズーリ	11	31	58	－
モンタナ	－	71	29	－
ネブラスカ	－	47	53	－
ニューハンプシャー	5	29	66	－
ニュージャージー	40	28	32	－
ニューメキシコ	－	37	63	－
ニューヨーク	32	32	26	10
オハイオ	26	20	54	－
オレゴン	－	25	44	31
ペンシルバニア	44	29	27	－
ロードアイランド	24	27	19	30
サウスダコタ	－	47	53	－
テキサス	7	36	57	－
バーモント	3	16	81	－
バージニア	37	24	39	－
ワシントン	4	39	55	2
ウエストバージニア	10	35	46	9
ウイスコンシン	9	32	59	－

Source：The Massachusetts Lottery Commission

てきたかを示している。インスタントゲームの分野がロト産業のなかで支配的な地位を占めていることが明らかである。インスタントゲームの分野はロトを発行している州のほぼ3分の2で支配的な地位を占めている。

なぜ，インスタントゲームが支配的な地位を占めているのであろうか？回答は，なぜ州がロトを認可しているかを分析することによって得られる。第一にロトの目的は州政府に安定した収益源を与えることにある。ロトはエンターテイメントとして見られ，ゲームにおけるプレイヤーの興味はかき立てられ続けることができる。本章の残りではこの基準について検証することにする。つまりロトを長期に渡って成長させる戦略は存在するかということを検証する。この成長の基準は3つの部分で検証される。第一にロトを運営するための様々な戦略的なオプションを分類する。表4－3では安定した収益を得るための戦略として様々なロトがとっているニッチ戦略を示している。第二にプロダクトライフサイクルの概念は様々なロトに

表4－3　様々な州がとっているロトのニッチ戦略

すべてのロトがあげる収益のうちデイリーナンバーが最も占める割合が大きい州：		
コロンビア地区	ジョージア	メリーランド
ミシガン	ニュージャージー	ペンシルバニア
バージニア		
すべてのロトがあげる収益のうちロトが最も占める割合が大きい州：		
カリフォルニア	コネチカット	フロリダ
ルイジアナ	モンタナ	ニューヨーク
すべてのロトがあげる収益のうちインスタントゲームが最も占める割合が大きい州：		
アリゾナ	コロラド	ジョージア
アイダホ	イリノイ	インディアナ
アイオア	カンザス	ケンタッキー
メーン	マサチューセッツ	ミネソタ
ミズーリ	ニューハンプシャー	ニューメキシコ
オハイオ	オレゴン	サウスダコタ
テキサス	バーモント	ワシントン
ウエストバージニア	ウイスコンシン	

Source：The Massachusetts Lottery Commission

おいて定義され適応されるということである。最後に，現在とられている戦略はこれらの戦略が将来，成功するかどうかにより評価されよう。

ロトの戦略を分類する

ロトのコミッショナーはロトを運営していく際にニッチ戦略をとっているように思われる。これらのニッチ戦略を確認し評価することとする。この課題を達成する１つの方法はアナロジーを使用することである。そのアナロジーはプロ野球のチームの監督によってとられた戦略をスポーツファンが分析することを使用している。監督はチームが本拠地の球場でプレイする利点を生かすために彼のチームの戦略を策定する。そして野球チームは彼らがプレイする環境に応じて編成される。同じことがロトを運営する上でとられる戦略の形成についてもいえる。特定の州の人口構成を生かすためのロトを運営しなければならない。結果として３つの形のロト，つまりインスタント，デイリーナンバーズそして通常のロトはアメリカ中の様々な人々の好奇心を満たすものとして作られた。そして，大部分の州は人口動態を分析し，それぞれの州の市民にあったロトに焦点を絞った戦略をとる。

戦略１：デイリーナンバーゲームー良いピッチング，良い防御

監督が最初に彼の野球チームを編成する際にとる方法は「最良の攻撃は良い防御である。」という戦略をとることである。ここではチームは良い守備陣に守られた強力なピッチングスタッフを持つ必要がある。チームは守備に集中することによって不必要なリスクを負わず敵がミスをするのを待つことになる。この戦略は退屈なものであるかもしれないが，監督がゲームの本質をコントロールすることを可能にする。このようにしてこの保守的な戦略は３つの戦略のうち最も安定した結果をもたらす。そのため

安定した収益源を探しているロトのコミッショナーはデイリーナンバーズに力を入れた。この戦略は比較的年齢層が高く，都市部に住み，賞金がほんの少し生活に変化を与える500ドルから1,000ドルの賞金で満足する人々が存在することが前提条件となる。

戦略２：ロトーホームランバッター

ロトの戦略的な面に焦点が当てられる場合，ロトのコミッショナーはホームランを狙うなど攻撃的な戦略をとる野球チームの監督とたとえられる。これは基本的には「懐手にして待つ戦略」であり，ホームランバッターが打席に入るときベース上に何人かランナーがいるときにとられる戦略である。したがって，チームはホームランバッターに頼り毎回，十分な攻撃につなげるように待つようになる。同様に，成功するためにはロトはゲームに対する興味を喚起するために毎回，大当たり，つまりホームランを出すことができなければならない。この大当たりは毎週はでない。しかし，大当たりは繰り越され積み上げられ，現在プレイしているプレイヤーも興味を持ち続け，新しいプレイヤーも参入してくる。

皮肉なことにカリフォルニアやニューヨークのような巨大都市，もしくはモンタナやロードアイランドのような小規模の都市がこの戦略をとっている。巨大都市の場合，人口が多いので州内で大当たりの賞金を積み上げることができる。小規模な都市の場合，大当たりを積み上げるための十分な人口を集めるために他の都市と提携する必要がある。したがってパワーボールは数多くの人口の少ない州によって設立されている。

戦略３：インスタントゲームー連続したヒットを狙う

スピードが重要な球場でプレイする場合，監督は攻撃の中心をヒット狙いにしようとする。

ホームランはこの種類の球場では打つのが難しい。また大きな当たりを狙うチームは勝つのが難しい。したがってヒットを狙うために監督はスピードがあり一塁打を打てるバッターを揃えたチームの編成を行わなければならない。そうすることにより豊富なランナーを活用し点をとれるようになる。同様に大きな収益を得るためにインスタントゲームに焦点を当てたロトは「大きな野球場」の戦略をとっている。ロトのコミッショナーはインスタントゲームの一連の流れを提供しなければならず，異なった顧客に訴求すると同時に異なった時期に異なったゲームの市場を展開しなければならない。1つのインスタントゲームが巨額の収益源になることはない。もし十分成功したいくつかのインスタントゲームが連続して戦略のなかに組み込まれたとすればそれは成功したといえる（つまり塁に多くのランナーがでていることになる)。最初にこの戦略を展開させ最も成功させた州はマサチューセッツであった。マサチューセッツでは若者の間にロトに関する関心を喚起させた。このロトはしばしば変化する。そして当たったかどうかが判明するまで待つ必要がない。

様々なタイプのロトのプロダクトライフサイクル

プロダクトライフサイクルは，例えばロトのような製品の進化を示した別個の４つのステージを表したマーケティングの概念である（図４－１)。これらのステージは収益が各ステージで最大になるように製品に対するマーケティングミックスが正確に決定される際に役立つ。プロダクトライフサイクルを通じての製品の進化はよく構成されており学びやすい。しかしながらサイクルのなかのすべての製品に必ず成熟期の後に衰退期がくるかどうかということは確かではない。言い換えれば，ある製品に対するサイクルは実際，システムであろう。専門的にいえばサイクルは製品寿命の最後が必ずあることを示している。一方，システムは製品の年齢を若返ら

図４－１　プロダクトライフサイクル（システム）

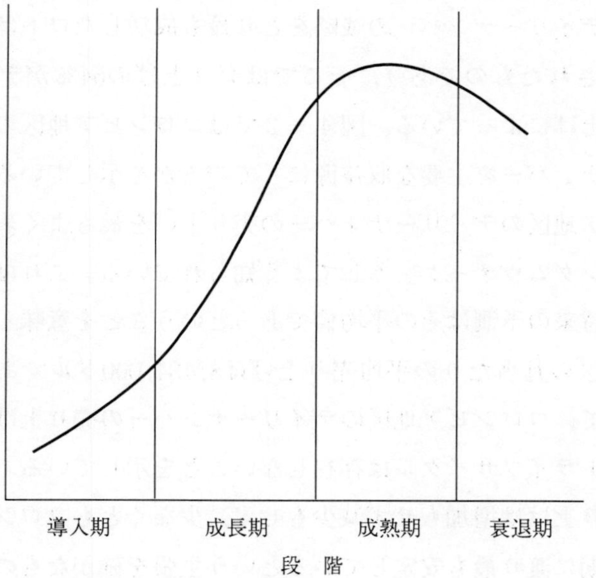

Source：Onkvsit and Shaw，1989

せることができることを意味している。特にシステムにおける製品は成熟期において魅力的な形に直され別のステージに投入されることができる。このようにして老朽化が避けられプロダクトライフサイクルが更新される。

本節においては各ロトのライフサイクルは州による売り上げを検証することにより分析される。その州によるロトの売り上げは大部分，ある特定のロトに依存している。これらの州はある特定のロトの売り上げを最大化するマーケティング計画を展開しなければならなかった。もし各ロトの寿命がサイクルよりもシステムであったとすれば更新されることも可能であるし州の安定した収益源であることができる。

デイリーナンバーゲーム

デイリーナンバーゲームは最も保守的なゲームとして特徴づけられる。

そして，着実で安定し収益を上げると評価され主要な収益源として活用されてきた。デイリーナンバーの戦略をとり最も成功したロトはコロンビア地区で実施されたものであり，そこでは売り上げの64%がデイリーナンバーの売り上げによっている。図４－２ではコロンビア地区のロトがいかにデイリーナンバーを主要な収益源にしているかを示している。

コロンビア地区のデイリーナンバーの売り上げを最もよく表した回帰方程式は「ランダムウオーク」としてよく知られている。これは最も正しい売り上げの将来の予測はその平均値であるということを意味している。コロンビア地区の月当たりの平均売り上げは8,434,000ドルである。この平均値によって，コロンビア地区のデイリーナンバーの売り上げは着実でありプロダクトライフサイクルは存在しないことを示している。デイリーナンバーの売り上げは増加もせず減少もせず，少なくともコロンビア地区においては長期に渡り最も安定しているという主張を確かなものとしている。

図４－２　コロンビア地区のデイリーナンバーの売り上げ（1993－2000）

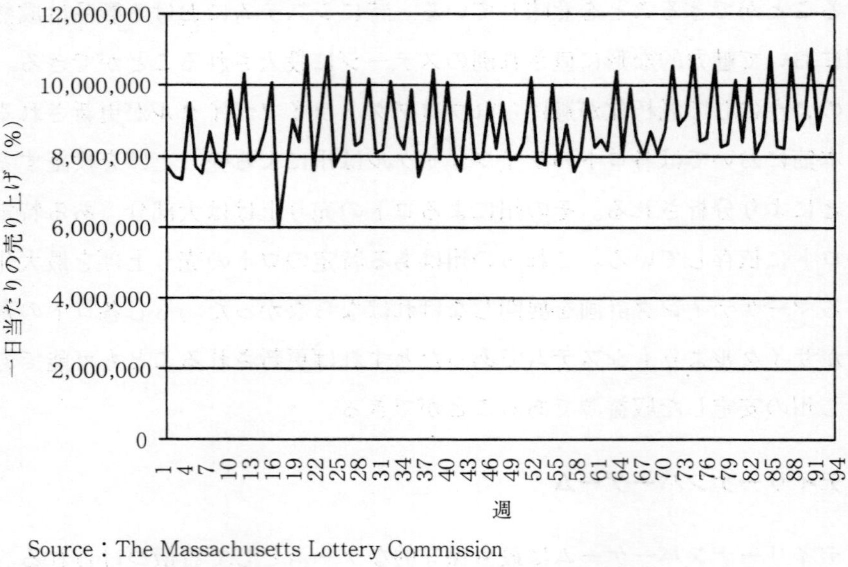

Source：The Massachusetts Lottery Commission

全般的にデイリーナンバーのゲームはその平均売り上げという点において著しく着実である。デイリーナンバーゲームは，ある程度の各年の資金調達に役立ちうる。しかしながら否定的な側面としてはこのある程度の資金には増加が見込めないことがある。そのことはコロンビア地区のデイリーナンバーゲームがプロダクトライフサイクルの成熟期にあることを表している。実際，過去５年間では４州（モンタナ，ネブラスカ，ニューメキシコ，サウスダコタ）がデイリーナンバーゲームを廃止した。それはデイリーナンバーロトは死にかかったゲームでありもはや最も熱心なファンの興味をひかなくなったことを表している。

通常のロト

通常のロトの成功の要因は一般の人々に毎週，興味を抱かせるための大当たりの戦略によるところが大きい。大当たりの金額が積み上がると賭け手はより頻繁にロトに参加するようになる。ロトを戦略的に運営し，最も成功した州はカリフォルニアであり，そこでは通常のロトは全体のロトが上げる収益の46％以上の収益を上げている。図４－３ではカリフォルニアのロトがいかに運営されているかを示している。以下の多項回帰方程式はカリフォルニアのロトの売り上げを示している。

$$Y(\mathit{sales}) = 6.4 + 1.37x - 0.0249x^2$$

その場合：

x＝月の売り上げ，1994年１月の時点でx＝0，$p = .005$.

これらの結果はカリフォルニアにおけるロトの売り上げはプロダクトライフサイクルの成熟期に当たっていることを示している。カリフォルニアでさえ新しいタイプのロトの導入を試みたがロトに関する関心を更新でき

図４－３　カリフォルニアのロトの売り上げ（1994－1999）

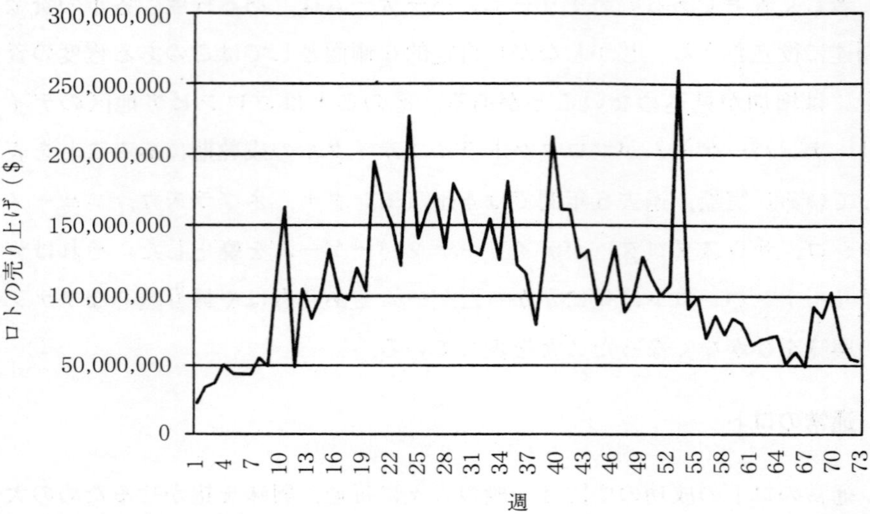

Source：The Massachusetts Lottery Commission

なかった。結果としてカリフォルニアのロトはプロダクトライフサイクルの下降局面にあるように思われる。

インスタントゲーム

前節で指摘したようにインスタントゲームを成功させる戦略は周期的に新しいインスタントゲームを導入することを含んでいる。ロトに焦点を絞ったインスタントゲームの先駆者はマサチューセッツ州である。インスタントゲームの売り上げはマサチューセッツ州でのすべてのロトの売り上げのうち約３分の２を占めている。図４－４は1985年から1999年にかけてのこの州の四半期の売り上げを示している。

マサチューセッツのインスタントゲームの売り上げを示した方程式は以下の通りである。

$$Y(sales) = 1.43 + 0.272x - 0.006x^2$$

その場合：

x＝月の売り上げ，1994年1月の時点でx＝0，p＝.001

この方程式はインスタントゲームは増加しており調査した期間においては下降局面を経験していないことを示している。マサチューセッツ州の結果と同様に，インスタントゲームの戦略は長期に渡り着実な売り上げの増加を達成するために実行されるべきである。実際，マサチューセッツ州ではインスタントゲームの売り上げは大きな富をもたらし，アメリカにおいて一人当たり最もロトを購入していることを示している。プロダクトライフサイクルと関連しては，これらのインスタントゲームはまだ成長期にある。その上，新しいインスタントゲームの導入はこのロトのタイプに対す

図4－4　マサチューセッツのインスタントゲームの売り上げ（1993－2000）

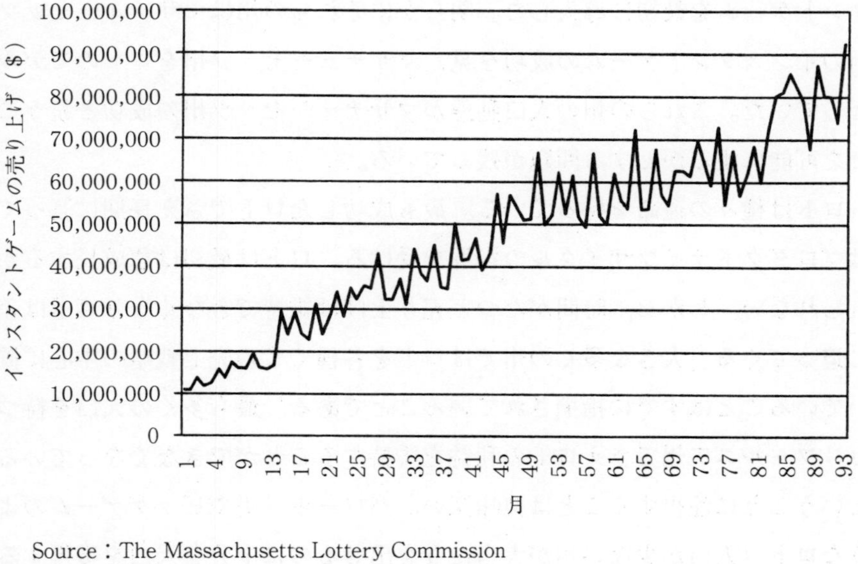

Source：The Massachusetts Lottery Commission

る興味を更新し，売り上げを更に増加させることができるように見える。

要　　約

前述の結果はインスタントゲームは唯一の持続可能で長期に渡り成長できるロトであることを示している。例えば，マサチューセッツ州はこのインスタントゲームを最大限に活用し，それにより，少なくとも安定した収益を得るという点において最もアメリカでロトの運用に成功した。なぜマサチューセッツ州はロトの運営に成功したのであろうか？マサチューセッツ州の人口動態（つまり多様性）は別として１つの要素はコミッションのマーケティング技術である。マサチューセッツ州の人口動態（つまり多様性）はもう１つの要素である。

インスタントゲームが成功するためにはもう１つの興味深い側面がある。1980年代後半から1990年代の初期にかけてロトを導入した多くの州（テキサス，ミネソタ，アイオア，ウエストバージニア，ジョージア）はインスタントゲームを最初に導入した。明らかにそれらの州はマサチューセッツ州のインスタントゲームの成功を見，マサチューセッツ州をロトのモデルとしていた。これらの州の人口動態がマサチューセッツ州の成功と競うことを可能にするかとする問題が残っている。

ロトは種々の運命を持っている。最も成功したロトでさえ長期に渡ってはプロダクトライフサイクルの影響を受ける。ロトは最初は急成長するかもしれない。しかし，時間がたつと売り上げは維持できなくなり衰退は差し迫ってくる。大きな多くの州ではロトを各種くじの売上戦略の中心に置いていることはすでに指摘されていることである。最も多くの人口を持つカリフォルニア州でさえロトの利益を維持することができなくなっているということに注視することは興味深い。パワーボールやビッグゲームのようなロト（人口が少ない州が大当たりを出せるのに十分な人口を獲得するために連携する）は時折，一般の民衆に夢を与えることができるが安定した収益源とはなり難い。一般的にロトは「大当たり疲労症候群」(jackpot fatigue）に陥っている。つまり，ロトは大当たりが積み上げられ，報道されるときのみに利益を生むことができるということである。

最後にデイリーナンバーゲームはロトを運営する上で最も保守的な方法として特徴づけられている。前述した通りデイリーナンバーはロトのコミッショナーに安定した収益をもたらす。しかし，長期に渡って収益の増加は見込めない。もっとも成功したデイリーナンバーロトはコロンビア地区で運営されたように思える。そこでの売り上げはほぼ一定であるが高水準で安定している。コロンビア地区の実態的人口統計はデイリーナンバーロトにあったもののように思える。つまり，ほぼ都市部の住民ということである。一方，多くの都市部を持つが，かなり多くの割合が田舎や郊外の地区に居住しているニューヨーク，ニュージャージー，ペンシルバニアのような州はコロンビア地区ほどうまくデイリーナンバーロトを運営していない。

これまでインスタントゲームは州に長期に渡り安定した収益をもたらす（目ざましくはないが）という点において重要であった。1999年にインスタントゲームの売り上げは５％増加し148億ドルとなった（*Lafleur's Lottery World*，2000)。しかしながら州が追加的な巨額の収益を得ようとするとしてもインスタントロトゲームは収益の増加をなすことはできない。大部分の州はロトの収益を教育や老齢者への援助，街や市の資金を賄うなどの良い目的を果たすためのものと位置づけている。しかし，インスタントゲームの売り上げはこれらの良い目的を果たすために必要な資金の増加を賄うことはできない。したがって州政府はロトの収益を特定の目的のために使用することを真剣に再考する必要がある。もし彼らがそれをできなかったとしたら良い目的を達成することは資金不足に陥るかもしくは収益の不足分を賄うために別の形態のギャンブリングを許可せざるを得なくなるだろう。

別の注目すべきロト産業の傾向が存在する。近年，スィープステイク（Sweepstake：賞金レースの宝くじ）というアイディアが再投入され始められた。多岐に渡りでそれは初期のアメリカの歴史で普通に見られたロトと競うようになった。これらのスィープステイクスは通常インスタントチケットの範疇に該当する。しかし,現在,提供されているインスタントゲームとは2つの面で異なっている。第一にスィープステイクはある特定の目的を支えるため販売される。例えば，州が地方競馬をあるレースの勝ち馬の番号に相当するチケットを売ることを許すことによって支えることなどが挙げられる。スィープステイクの別の例はメリーランド州がキャムデン（Camden）球場の建設費用を賄うために発行したものがある。これらのオリオールのスィープステイクはオリオール・ワールドシリーズの試合から有名なシーンだけではなく選手の写真が載せられ発行された。これらのチケット自身がコレクターにより収集の対象となった。

第二に，これらのスィープステイクは賞金の構造において異なる。賞金には旅行費用，ゲームの豪華な特別観覧席などのような賞金と同時に少なくとも100万ドルの賞金を含んでいる。また，皮肉なことにこれらの賞金レースの宝くじはこれらの購入者に通常の州のロトのコミッションが発行する通常のインスタントゲームのチケットを購入するよりも利益を与えている。したがってスィープステイクの概念は1つの目的を短期に渡って支えるためのものであり収益を安定して上げる必要はない。州によるロトが収益計画を達成できなくなりつつあるのでこの賞金レースの宝くじの概念がどの程度まで広がるかということは観察される必要がある。

次章ではギャンブリング産業の第三区分であるパリミューチュアルによる賭けが分析されることになる。これはギャンブリング産業において歴史があり最も豊かな区分であるが，しかし，この区分の未来は厳しいものとなるだろう。

パリミューチュアルによる賭け：第三の区分

序説：競馬，その歴史とイメージ

競馬はアメリカにおいて長い歴史を持ち，そして華やかな地位を占めてきた。それは常にスポーツとして考えられ（つまり技術が必要なゲーム）肯定的な意味を持っていた。しかしながら，もっとも初期のアメリカの伝統の一部を成し，一方で，スポーツやプロスポーツという用語はギャンブリングにとっての同義語としても使用されていた。どんな競馬もレースにおいてスポーツ的な要素が少しでもないと完全とは見なされない。このタイプのゲームはアメリカにおけるギャンブリングの初期の形態であるロトのような運が左右するゲームとは異なっている。競馬において必要とされる技術のため，競馬はギャンブリングとレースとの間との密接な相互作用により引き起こされる潜在的なイメージの問題を和らげることが可能となっている。17世紀の終わりそして18世紀の初めに豊かなアメリカ人やイギリス人のオーナー間で競馬で賭けることが始まった。そして，このようにしてギャンブリングとレースとの間で重要な関係が始まり，王様のスポーツとして知られるようになった（*Forbes*，1995)。

1920年代から1950年代にかけて競馬はアメリカにおいて許容された合法的なゲーミング形態となった。それは社会がある程度の技術（すなわちレースにハンデキャップをつけるなど）やレースで勝利するために調教師や騎手の能力が必要とされるゲームを好むことが反映されていた。この産業は地域の農業に大きな貢献をするのみならず州の財政にも多大な貢献をした。経済的な発展や収益を州にもたらす技術を要するゲームであるので，州当局は競馬を好ましいものと見ていた。加えて競馬はギャンブルに対して飢餓状態にあったアメリカ人に対して緩やかに開放された。

1960年代中盤と1970年代においてロトやハイアライのような新しい形態のギャンブリングが競馬が合法化された理由（つまり収益）と正に同じ理由で合法化された。競馬は合法的なギャンブルにおける独占を失った。そして，いまやアメリカでギャンブルに消費されるドルをめぐり他の形態のギャンブリングと競争しなければならなくなっている。

新しい競争圧力に対する反応として，競馬産業は２つの革新を導入した。１つは場外での賭けでありもう１つは別のレース場からのサイマルキャスト（simulcast：同時中継）であった。これらの革新に対する批判者はこれらは単に伝統的な賭けによる収益を喰い合いしているにすぎないと主張した。例えばサイマルキャストを通じて賭けられる金銭は新しい収益もしくは成長しつつある収益を示しているのではなく別のレース場で賭けられるはずだった金銭が置き換わったにすぎないということである。サラブレット・レーシング協会（ＴＲＡ）もまた結局は３歳馬のナショナルシリーズを組織することに同意した。ＴＲＡのコミッショナーのＪ．ブライアン（J. Brian McGrath）は「我々は激しい競争に直面している。そして最も急を要する問題は他の競争相手が競馬業界よりもより焦点を絞り団結して活動していることである。」(ibid) という見解を示した。本章の残りの部分ではこの最も高貴なギャンブリングの形態が他のギャンブリングの形態が導入されるにつれどのように経営されていくかについて焦点を当てていくことにする。２つの事例が検証される。最初の事例はリバーボートのギャンブリングを含み，そしてその競馬への影響を検証している。1996年の初めインディアナではオハイオ川上でのリバーボートのカジノが許可された。インディアナが潜在的なマーケットとして念頭においていたのはアメリカの競馬の牙城であったケンタッキーであった。もし，競馬がカジノの魅力に対抗でき，そして，するべきだとするのならばケンタッキーでもそうするべきである。

2つ目としては，各レース場に備えつけられている競馬場の施設にスロットマシーンを置くことを許可することを決定したデラウエアの事例を検証する。デラウエアではそのスロットマシーンを導入した競馬場の潜在的なマーケットとして近隣のペンシルバニア，メリーランド，そしてコロンビア地区を念頭に置いていた。メリーランドはケンタッキーと同じように競馬産業は大きな農業的な側面を持っている。デラウエアがスロットマシーンを競馬場に導入したとき，メリーランドはハーネスレース場，サラブレットレース場双方を所有していた。したがって，スロットマシーンをレース場に導入することによって競馬場を守ろうとしたデラウエアの試みはメリーランドとの激しい競争にさらされることとなった。

リバーボートのギャンブリングとその競馬に対する影響：ケンタッキーとインディアナの事例

ケンタッキーの競馬産業

ケンタッキーが世界のサラブレットの競馬のメッカであることには誰も異を唱えることができないだろう。サラブレット競馬の支持者はそれがケンタッキーのアグリ産業の統合された一部であると主張している。競馬産業におけるレース面と繁殖面はケンタッキーの経済全体に多大な貢献をしている。伝統的なスポーツとして深く定着していることと同時に州政府が競馬に経済的に深く依存していることにより，カジノに対する抵抗はケンタッキーでは特別激しいものとなっている（*US News and World Report*, 1995, p.44）。

ケンタッキーはまた最も良い（そしておそらく唯一の）レース場間の連

携の事例を示しており，州政府は競馬場をカジノの脅威から保護している。近年の三人の州知事はサイマルキャスト（simulcast：同時中継）を行い，競馬活動を統制するためにレーシングコミッションを1つにし，そして場外での賭け金の一部を使い繁殖家の報奨プログラムを発展させようとするような法案の提唱者であると同時に馬の繁殖家であった（*Financial World*，1997，p.90）。この協調の精神の一部としてケンタッキーのレース場は革命的なレーシングプログラムを開発した。その主な内容は一度には1つのサラブレットのレース場でしかレースは行わないが，すべてのレース場は1年を通してサイマルキャストのためには利用可能であるといった内容であった。このサイマルキャストのプログラムは大成功を収めケンタッキーはすべてのサラブレットのレース場で収益を格段に増やすことに成功した。これらのより大きな収益は馬主と調教師に様々なケンタッキーのレース場で彼らの馬を走らせようという動機づけを成すこととなった。より大きなレースは賭け手がより大きな払戻金を求めるためにより多くの賭け手を魅了するので，競走馬の数の増加は結果として掛け金の量の増加につながった。チャーチルダウンによって代表される競馬場が彼らのマーケットを守るために作成した一連の最終的手段はマーケティングおよびプロモーション費用を倍にし，入場料，駐車場代，場内売り場の料金を半分以下にし，そしてサイマルキャストのために最新鋭のAV機器を導入することなどが含まれていた。レース場間の協調だけではなく州と競馬産業との協調方策すべてはインディアナに導入されたカジノに対する脅威に対抗するためのものであった（Kentucky Racing Commission，*Annual Reports*）。

インディアナのリバーボートのギャンブリング産業

リバーボートギャンブリングはエバンスビル（Evansville）のオハイオ川上で1996年の9月に導入された。そして1996年の10月にはライジングサン（Rising Sun）で，1996年の12月にはローレンスバーグ（Lawrenceberg）で導入された。エバンスビルのカジノはケンタッキーのオウエンスボロ（Owensboro）のエリスパーク（Ellis Park）とフローレンス（Florence）のターフウエイパーク（Turfway Park）に最も直接的な脅威を与えた。一方，ローレンスバーグ（Lawrenceberg）とライジングサン（Rising Sun）カジノはシンシナティ（Cincinnati）により焦点をあてオハイオのマーケットを170万人と見込んでいる。そして，そのうち30万人がケンタッキーに居住している（*Louisville Courier Journal*，1997）。すべての３つのリバーボートから80マイル内にあるその他のマーケットは豊かなルイスビル（Louisville）のマーケットでありケンタッキーダービーの主催者でありサラブレットレースのメッカであるチャーチルダウン競馬場のホームタウンである。

リバーボートギャンブリングの分析と競馬場における賭け金総額への影響

本節ではインディアナにカジノが導入された結果，ケンタッキーの競馬産業に与えた影響について分析することにする。２つのケンタッキーの競馬場，ターフウエイパーク（Turfway Park）とスポーツスペクトラム（Sports Spectrum）を分析することとする。リバーボートギャンブリングが競馬における賭け金総額（すなわち様々なレースに掛けられる金額の総量）に影響を与えたかどうかということを決定するために，これらのレース場の毎日の掛け金の総額をリバーボートギャンブリングが導入される前とされた後とで比較検討してみることとする。興味がある読者のために本章の補論でＡＲＩＭＡを介在させた統計的分析を説明している。本章のすべてのデータはケンタッキー，メリーランド，デラウエアなどを含んだ様々な州のレーシングコミッションから入手したものである。

ターフウエイパーク（Turfway Park）

ターフウエイパーク（Turfway Park）はチャーチルダウンが改修中の間，運営されていたケンタッキーの２つのレース場のうちの１つである。言い換えれば競馬のファンに世界で最も有名な競馬場が休止しているときに競馬を見る楽しみを提供したといえよう。1970年代から1980年代にかけてレース場は利益を上げ，そしてより有名な姉妹競馬場であるチャーチルからのサイマルキャスト（simulcast：同時中継）のレースを受け入れることが可能であった。それゆえターフウエイパークは歴史を示すことはできないがいわれているようにマーケットを守るためにマーケティングの努力はしなければならない。

図５－１はターフウエイパークがエバンスビル（Evansville）でリバーボートのカジノが始まった結果，急激な掛け金総額の減少に見舞われたこ

図５－１　ターフウエイパークの１日当たりの賭け金総額（1996）

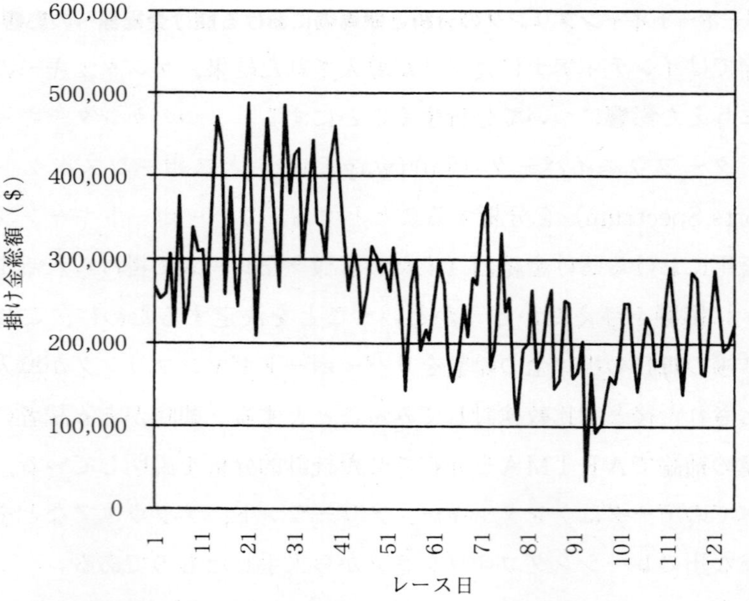

Source：Kentucky Racing Commission

とを示している。

また，自己回帰和分移動平均モデル（ARIMA）分析もこの事実を確認している。ARIMA分析によればターフウエイパークは1996年より40％もの掛け金総額の減少を蒙った。レース場はマーケティング努力を続けているが，ターフウエイパークの所有者たちはレース場が生き残るためにはカジノが大成功した要因（スロットマシーン）の導入が唯一の方法であると認めているように思われる。

スポーツスペクトラム（Sports Spectrum）

スポーツスペクトラム（Sports Spectrum）はケンタッキーのルイスビル（Louisville）に位置しており，ルイスビルとシンシナティ（Cincinnati），オハイオ地域からの顧客を見込んでいた。また，チャーチルダウン競馬場のサイマルキャスト（simulcast：同時中継）もしており，しばしばその施設でチャーチルダウン競馬場の馬が走る。したがってこの競馬場は競馬の歴史的な側面に負うところが大きく豊かな都市部からの顧客を引きつけることができる。

1995年の10月19日にオハイオ川のアーゴシイ（Argosy）カジノがシンシナティ地域の顧客を引きつけるために営業を開始した。図５－２を検証してみるとリバーボートのカジノの開業はスポーツスペクトラムの賭け金総額にほとんど影響を及ぼしていないように思われる。確かにアーゴシイリバーボートの開業はスポーツスペクトラムに顧客を引きつけるための新しいマーケティングの設備の導入と同時に入場料の引き下げを余儀なくさせた。巨大で豊かな都市部の人々を引きつけると同時にチャーチルダウン競馬場と結びつくことがスポーツスペクトラムの初期の成功の鍵となった。

図５－２　スポーツスペクトラムの１日当たりの賭け金総額（1996）

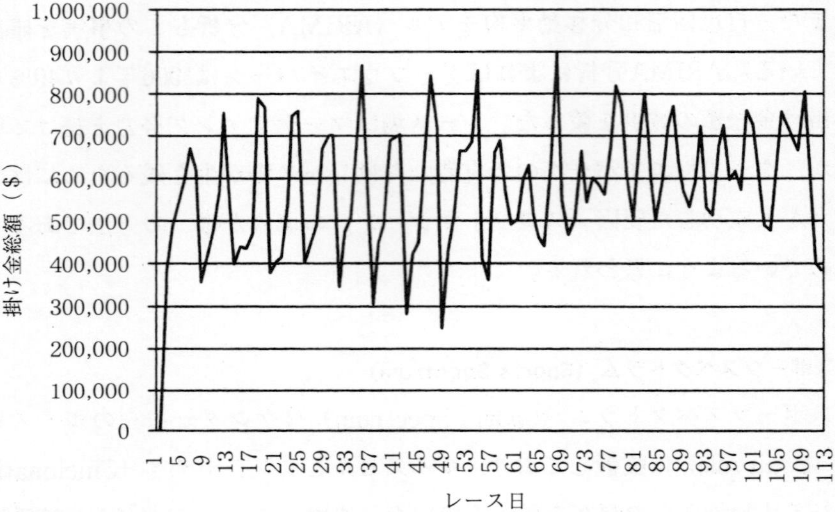

Source：Data supplied by Kentucky Racing Commission

スロットマシーンを競馬場に投入すること：デラウエアとメリーランドの事例

メリーランド（Maryland）の競馬産業

ケンタッキーと同様，メリーランド（Maryland）は競馬産業において長い歴史を持っている。1996年には一年中（クリスマスを含む）メリーランドのどこかでレースが行われていた。馬の繁殖と調教はメリーランドの経済で重要な地位を占めている。

事実,州はパリミューチュアルの賭けによる税収を5,829,380ドル徴収しており210万ドルが州における馬の繁殖活動を助けるために使われた（Maryland Racing Commission, *77th Annual Report*, 1999)。図５－３はメリーランドが２つの競馬の分野で上げた収益の内訳を示したものであ

図5－3　メリーランドの競馬の収益（1982－1997）

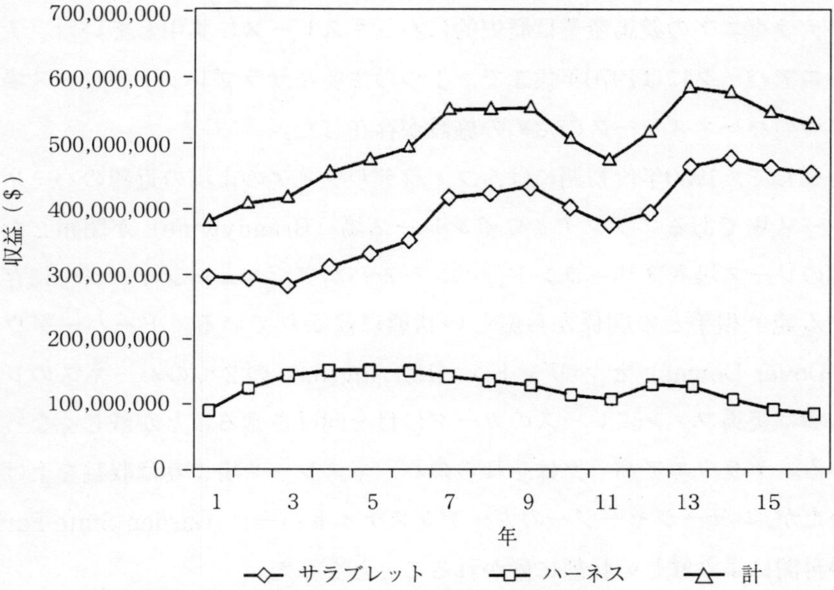

Source：Data supplied by Maryland Racing Commission

る。メリーランド州は競馬産業において大きな賭け金を保持しており州の資金源として進んで保護しようとしていることには疑問の余地がないであろう。

メリーランドはケンタッキーと同様，有名なサラブレットの競馬場を所有している。すなわちローレル（Laurel）とピンリコ（Pimlico）競馬場である。ピンリコ競馬場は三冠レースのうちの１つであるプリークネスレース（Preakness Race）の行われる場所である。これらの競馬場はメリーランド設立以来，競馬場の本拠地であった。メリーランドの競馬場の伝統を活気づけているもう１つの要因は，特に，コロンビア地区，ペンシルバニア，バージニアなどの数多くの州から客を引きつけることができることにある。

デラウエアと競馬産業

デラウエアの競馬産業は歴史的にハーネスレースに集中していた。デラウエアパークには1970年代まで，１つの主要なサラブレットのレース場と３つのハーネスレースのための施設が存在した。

そして，1980年代初期には，フィラデルフィアの市場の近隣のハーネスレース場であるブランディワインレース場（Brandywine）が閉鎖した。他のレース場もメリーランド，ペンシルバニア，ニュージャージーに存在する競争相手との関係から厳しい状態に置かれている。ドーバーダウン（Dover Downs）とハリントン（Harrington）の２つのハーネスのレース場は競馬ファンにレースのカードに目を向けさせることが厳しくなっている。デラウエアパークはそれらのハーネスレース場よりは収益を上げていたが，ニュージャージーのガーデンステイトパーク（Garden State Park）の再開により厳しい状態に置かれることとなった。

デラウエアの州政府は以下の選択を迫られるようになった。第一に競馬産業を緩慢に悪化させるにまかせその間に税金を取ろうという選択肢が存在する。第二にメリーランド，ニュージャージー，ペンシルバニアと競合するために手数料を減らすか補助金をレース場に配分するという選択肢が存在する。最後の選択肢としてデラウエアがレース場に州のギャンブリングセンターとなることの権限を与えることが存在する。すなわちレース場にビデオポーカーゲームとともにスロットマシーンを設置することを許可することである。最初の選択肢はアメリカで競馬産業が直面している経済実態を考えたとき，政治的にとることができない選択肢である。競馬産業から得られる収益は州の予算から見た場合少ないかもしれないが，競馬産業の消滅はすでに高い失業率にある州の一部での仕事の喪失をもたらすことになる。２つ目の選択肢は経済的な観点からは意味を持たない。ニュージャージーとペンシルバニアが彼らの競馬場を守るためにインセンティブを与えたが，メリーランドの競馬の伝統は第二の選択肢をとるとしても競馬客を集めることは極めて困難であった（*Delaware Racing Commission Annual Reports*）。

デラウエアのレース場にスロットマシーンやビデオポーカーを設置することを許可するという第三の選択肢は当初，反ギャンリンググループの政治的な反対に直面した。しかし，ブランデイワイン（Brandywine）のハーネスレース場が1990年台の初頭に閉鎖されると，第三の選択肢はデラウエア議会において圧倒的多数で支持されると同時に，州当局から完全な支持を得るにいたった。レース場にスロットマシーンを設置することを許可する法案は1995年に可決され1996年の初めから施行された（*Wilmington News Journal*，1995）。

結　　果

図5－4（デラウエアパーク），図5－5（ドーバーダウン）そして図5－6（ハリントン）はスロットマシーンの設置が許可されてから残ったデラウエアの3つのレース場があげた純収益を表している。これらのレース場でスロットマシーンが設置されたことが純収益の増加に寄与したことは明らかである。デラウエアパークは州で唯一のサラブレットの競馬場であり1997年にはほぼ平均して月あたり1,300万ドルもの純収益を上げていた。ドーバーダウン（Dover Downs）とハリントン（Harrington）の2つのハーネスのレース場の収益を合わせるとほぼデラウエアパークの収益と等しくなる。しかしながら，これらのハーネスのレース場はスロットマシーンの収益に完全に頼っている。いまや，ハーネスのレースはただ単に古風に見える味つけをしているだけであって実際に利益を上げているのはスロットマシーンであるように見える。スロットマシーンの上げる収益はパリミューチュアルの賭けが上げる収益の倍以上であり，その収益はより

図５－４　デラウエアパークの純収益（1996－1997）

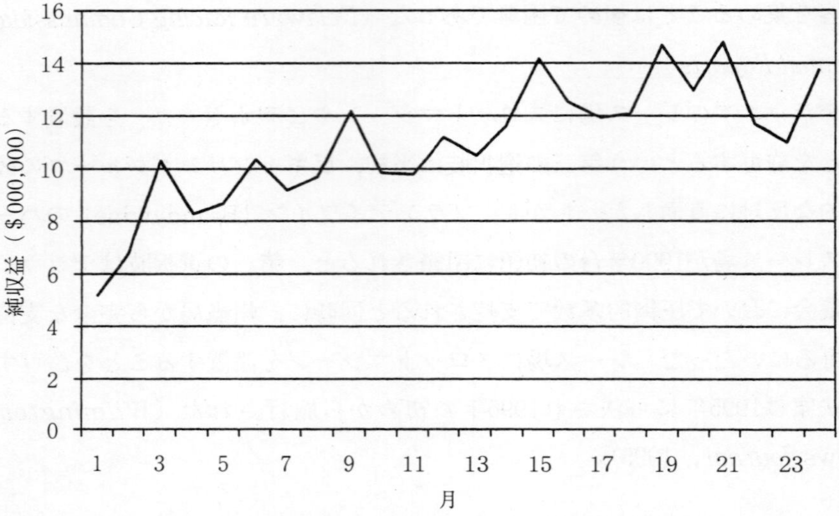

Source：Data supplied by Delaware Racing Commission

図５－５　ドーバーダウンの純収益（1996－1997）

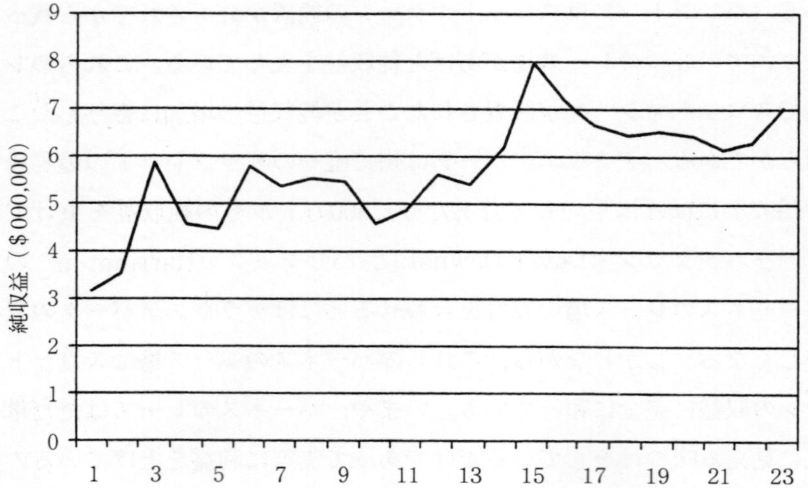

Source：Data supplied by Delaware Racing Commission

図５－６　ハリントンの純収益（1996年８月－1997年12月）

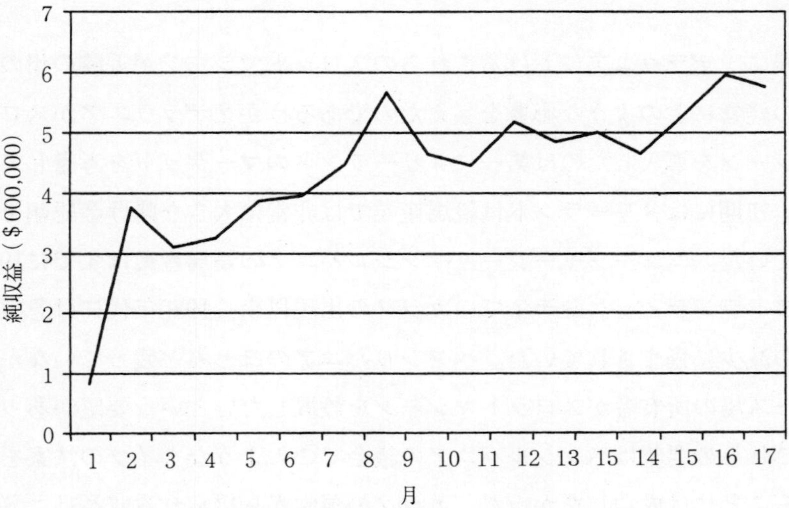

Source：Data supplied by Delaware Racing Commission

多くの資金源になり様々なデラウエアのレース場の設備を改善するために使用された。言い換えればスロットマシーンの収益は競馬場運営と雇用の機会に対する補助金として使用されているといえよう（*Wilmington News Journal*，1997)。

レース場におけるスロットマシーンでデラウエアが経験したもう１つの興味深い一面はスロットマシーンのプレイヤーがかもしだす雰囲気がレース場によって異なるということである。ほぼ1,000台ものスロットマシーンがあるデラウエアパークのスロットマシーン部門は高い天井，シャンデリアに照らされた暗い木目の内装となっており，古いイギリスのクラブと似ている。一方，ハーネスレース場は両方ともスロットマシーンエリアは明るいカーニバルライトで満たされており硬貨の落ちるにぎやかな音がしている。サラブレットのレースの顧客とハーネスレースの顧客との間には差異が認められ，この差異はそれぞれのレース場が顧客に合わせた誘致をし，よりスロットマシーンで消費してもらうように試みているように見えよう。

最後に，デラウエアにおけるこれらのスロットマシーンが近隣の州の競馬場の経営にどのような影響を与えたのであろうか？デラウエアがスロットマシーンを導入したのは第一にメリーランドのマーケットを考慮してである。初期にはメリーランドは競馬産業では非常に大きな賭け金総額を保有していた。ニュージャージーとペンシルバニアの競馬産業はすでに1977年にアトランティックシティでのカジノの出現以来，1980年代には急激な収益の減少に悩まされていた。ペンシルバニアのほとんど残っていなかったレース場の所有者がスロットマシーンを設置したいという要望があったが，これらの要望はペンシルバニアの議会でこのようなタイプの法案を可決することには成功しなかった。カジノの運営から得られる収益はニュージャージーにおける老齢者の手助けに使用される。そして彼らは，ほとんど残っていないレース場の経営者や従業員よりはるかに強力な利害関係者である。したがって，ニュージャージー全体におけるギャンブリングに対する政策はアトランティックシティにおけるカジノの運営と可能な限り収益を上げる方法に対するものが主となっている。

図５－３を想起していただきたい。メリーランドの競馬産業に対するサラブレットレースの重要性が明らかであろう。競馬における賭け金の75%以上がサラブレットのレース場から上げられている。デラウエアのレース場におけるスロットマシーンの出現がメリーランドの競馬産業におけるサラブレットレース部門に影響を及ぼしていないように見える一方，ハーネスレース部門においては急激な落ち込みにつながっている。ギャンブリングのマーケットにおいて追加的なシェアを獲得することはできないが，伝統的なサラブレットのレース場はカジノに対して競争力を保つことができるように見えることが改めて確認できよう。一方，ハーネスレースの顧客

は付加的なギャンブリングの機会が存在するハーネスレース場に移動してしまっているように思える。この事実はハーネス馬の所有者と調教師が損害を被るということにつながるわけではない。1995年にデラウエアのハーネスレース場にスロットマシーンが出現する以前，デラウエアとメリーランドが協同してハーネスレーシング協会を立ち上げた。1997年にはこの協会は解散し，ハーネス馬の所有者と調教師はすべてデラウエア州に移動した。デラウエアのハーネスレース場が利益を上げ，より良い設備を導入できる能力は明らかに時代に即したものである。

デラウエアの競馬場にスロットマシーンが導入され，メリーランドのハーネスレースのマーケットを衰退させた。ハーネスレースの客はハーネスレースのスポーツ的側面よりも競馬の持つギャンブリング的な側面を好むようである。一方，メリーランドの伝統あるサラブレットの競馬場はデラウエアにあるスロットマシーンの脅威を切り抜けることができた。

結論：競馬の未来

カジノの増殖はアメリカにおける競馬産業の終焉を意味するのであろうか？競馬産業は近未来において急速な進化の時代に直面するが，そうではない。スポーツとしての競馬に対する需要は常にある。すなわち三冠レースと結びついた伝統があり壮麗なレースに対する需要である。しかし，他のギャンブリングの形態，特に，スロットマシーンやビデオポーカーのようなカジノゲームの導入とともに，平均的な競馬のファンが他でギャンブリングに費やす資金を消費するようになりつつある。この事実は特にハーネスレースのファンに顕著である。他のギャンブリングの形態に対する社会的な受容が競馬産業を独占的な産業ではなくし，そしていまや，他のゲーミング産業と競争することを学ばなければならなくなった。

比較的マイナーなサラブレットのレース場でサラブレットのレースの歴

史が長くないターフウエイパーク（Turfway Park）のようなレース場はカジノの成長により閉鎖される可能性が高いか，またはカジノの機能を付加せざるを得なくなるだろう。これはデラウエアパークによってとられた解決策である。また，アメリカで競馬場が統合し10から15までのスーパー競馬場が出現し，共通の馬券が購入できるかもしれない。これは国で最も人気のあり歴史のあるレース場，例えば北部や東部の夏のレースであればサラトガ（Saratoga），チャーチルダウン（Churchill Downs）やベルモントパーク（Belmont Park）のようなレース場，加えて冬季レースにおいて温暖な気候のカリフォルニアにおけるサンタアニータ（Santa Anita）とフロリダにおけるガルフストリームパーク（Gulfstream Park）のような新しいレース場も含むことになろう。

もし，数レースが同時に開催されたとするならば，競馬産業は一年を通じてアメリカにサイマルキャスト（simulcast：同時中継）され馬券が販売されることが可能な質の高いレースを供給することが可能となろう。

州政府はレース場にデラウエアパークのようにカジノの機能を持たせることによって，てこ入れをはかることができよう。このようなタイプの提案を支持する議論は雇用の問題であろう。経済的に思わしくない地域に存在する競馬場と何百という中位所得者の雇用の問題は州議会がこのタイプの提案を認めさせることになる。どのようにして州が競馬産業に関連するギャンブリングの収益だけでなく雇用の面を見ているかは興味深い問題である。幾分，皮肉ではあるが，しかし，アメリカの大部分の州における競馬の未来はカジノの勝ち馬に乗ることができるか否かにかかっている。主要なレース場は競馬のスポーツ的要素を強調しているが，マイナーなレース場，特にハーネスレース場はスロットマシーンの客が気晴らしに時折行われるレースに興ずるミニカジノとして自身を宣伝せざるを得なくなるであろう。

前３章はギャンブリング産業の３つのセグメントの経済面を検証した。つまりカジノ，ロト，パリミューチュアルの賭けである。ギャンブリング／ゲーミング産業の３つのセグメントすべてが1990年代に変化せざるを得なかった。この変化の第一の理由は社会に現れた「寛容さ」にあった。そして事実，技術を必要とするゲームよりも運が左右するゲームの方が好まれるようになってきた。

第二部ではギャンブリング／ゲーミングの政治がどのように変化してきたかを調査することとする。公的機関は以前はほぼ禁止されておりいまは受容されている産業を規制することを試みなければならない。ゲーミング産業を様々な方法で規制するという公的機関が直面している問題はギャンブリング産業がゲームの概念を受容していることの直接的な結果の問題である。

補論：ＡＲＩＭＡ分析の結果

介入分析は各時系列分析を示す自己回帰和分移動平均モデル（ＡＲＩＭＡ）の証明を必要とする。ARIMA分析のモデルは（p，d，q）と（P，D，Q）という２つの短い表現方式によって特徴づけられる。最初の要素（p）は自己回帰を示しており，第二の要素（d）は静止した状態に到達するまでの差異の程度を示している。そして第三の要素（q）はランダムな振動に関係する移動平均の程度を示している。第二の表記（P，D，Q）は同じような要素であるが季節的な要素は除いてある。ARIMAモデルは観察された期間に対して統計的に妥当なモデルが確認されるまで分析される。モデルの妥当性は自己相関関数の検証，そして系列の部分的な自己相関関数の検証の後，そして残渣の統計的な分析がホワイトノイズの時系列を構成していることを示したときに確認される（Ljung，1978)。適切なＡRIMAモデルが示されたとき，それは系列をフィルターにかけるのに使用される。この点において，動態的モデルは予想された介入モデルの効果と矛盾なく形成される。動態的モデルの形成は介入によりもたらされたホワイトノイズのレベルにおいて形成された変化を示しているため，この動態的モデルは仮説に相当する。動態的モデルが形成され残りの系列と一致した場合，そのパラメーターが判断されそして各々がボックス（Box）とティアオ（Tiao）により提案された技術（1975）を使い評価される。

ターフウエイ（Turfway）

図５－１におけるターフウエイ（Turfway）の収益の時系列はＡＲＩＭＡ（０，１，１）$(0,1,1)_{12}$ とされる。

一般および季節の差異は系列においては静止している。ＭＡパラメーターが測定されそして次の結果とともに統計的に検証される。

$\theta_1 = -.09871(T = -5.02)$;
$\theta_{12} = -.1329(T = -2.44)$
$Q = 17.3$，自由度48$(P < .01)$.

残渣がホワイトノイズを形成しているという仮説は棄却できない。そして，それゆえモデルは受容される。

最初に予想された動態的モデルは，

$$y_t = \omega B S_t^{(T)}$$

ωは変化パラメーターのレベルである。このモデルはカジノの導入から収益の急で永続的な減少を予想できるという仮説と一致する。パラメーター値は，

$$\omega = -4,097(t = -2.95).$$

収益が統計的にかなりの減少を示している。そして収益の時系列の以前のパターンが繰り返される。すなわち緩やかな収益の減少である。カジノの出現がターフウエイパーク（Turfway Park）での収益の減少に拍車をかけたことが見て取れる。

スペクトラム（Spectrum）

図５－２はスペクトラム（Spectrum）の収益の時系列を表しておりＡＲＩＭＡ（１，１，０）（０，１，１）$_{12}$で示される。

パラメーターが推定され，そして統計的に有意であることが判明する（Ｐ＜.05)。

$$\theta_1 = .5613(t = 2.21)$$

$$\theta_{12} = .6422(t = 3.38)$$

$$Q = 24.2, \text{ 自由度}48$$

そしてモデルの残渣はホワイトノイズであり仮モデルは受容された。

再び動態的モデルが仮定される。

$$y_t = \omega B S_t^{(T)}$$

ωが変化のパラメーターのレベルを示しており，このモデルはカジノの導入により急激な永続的な収益の減少を予測する仮説と一致する。

パラメーター値は，

$$\omega = 103(t = .39).$$

このＡＲＩＭＡモデルは収益は実際には検証した期間において増加していることを示している。他のＡＲＩＭＡ介入モデルは統計的に有意ではない。それゆえカジノはスペクトラムの収益に大きな影響を及ぼしていないことが見て取れる。

第三部

ゲーミング産業にとっての政治的そして経済的環境

ギャンブリング産業の社会的，政治的モデル

序　　説

モッズ特捜隊（Mod Squad）は毎週，水曜日，金曜日，火曜日もしくはいつでもバートの店（Bert）に集まる。彼らは彼らを支持してくれる人々をお互いに必要としていた。彼らの間には幻想はない。彼らはお互いを当てにしている。彼らは彼ら自身のことをモッズ特捜隊（Mod Squad：死の商人）と呼んでいる。彼らはタバコ，アルコール，武器産業のスポークスマンから構成されているからであり，ふさわしい名称のように思われる。彼らがその小さな集まりから抜け出ない限り新聞社が名づけた名称は正しいので彼ら自身のことをそう呼ぶのである。

Thank You for Smoking, p. 18

クリストファー・バックリー（Christopher Buckley）のユーモラスな作品である『ニコチン・ウォーズ』（*Thank You for Smoking*）には一般民衆の終わりない監視から企業を防衛する究極的な試みが描かれている。タバコ，アルコール，武器産業を守ることは感謝されず，実りがない仕事であるように思われる。抵当権を支払うことがモッズ特捜隊が彼らの行為を正当化してきた拠り所となってきた。

しかし，モッズ特捜隊の直面している問題，そして彼らの所属する企業の直面する困難さは特殊ではない。事実，ギャンブリング／ゲーミング産業のスポークマンもまた一般民衆の厳しい監視下に置かれている。彼らの企業イメージは死の商人が持っているイメージと同じくらい悪い。した

がって新しい「協会」が設立されるべきである。つまり，ＭＯＣＥ（Most Oppressed Corporation Ever：これまで最も圧力を受けてきた企業）である。ここで産業は最も広報活動に困難をきたしているがお互いに競争を繰り広げることとなる。チャールトン・ヘストン（Charlton Heston）はＭＯＣＥの最初の年次総会の基調講演を行う理想的な講演者となるであろう。ギャンブリング産業の多くのリーダー達は彼らの産業がタバコ，アルコール，そして銃産業をめぐる終わりなき論争から逃れられてきたことに感謝している。ギャンブリング産業は特に「ギャンブリングの国家に対する影響力の調査委員会」（National Gambling Impact Study Commission）が提言した数多くの規制をかけられることを回避してきた。ギャンブリング産業がすでに取り扱っている問題は数多くあるが，まだ端についたばかりの問題もある。

本章では，ここ20年内にＭＢＡプログラムを受講した人々にとっては周知のモデルのフレームワークを使用しマネージャーに提言を行いたい。このモデルは事業と企業が経営活動を行う政策的な環境に影響を及ぼす起こりうる事象を検証し，企業が取り扱うべき様々な諸力を概観することとする。

ポーターモデル

1980年にマイケル・ポーター（Michael Porter）が『競争の戦略』（*Competitive Strategy*）を出版した。これは産業および競争者の分析の技法を取り扱っている。この書籍でポーターは特定の産業における競争の諸力に影響を与える５つの主要構成要素からなるモデルを展開した。これらの要素は売り手，業界内の競合他社，代替品，新規参入業者，買い手である。加えて，ポーターのモデルは所与の産業における参入障壁，退出障壁の重要性について認識している（図６－１）。基本的な分析手法は，ある時点

図６－１　ポーターのファイブ・フォース分析

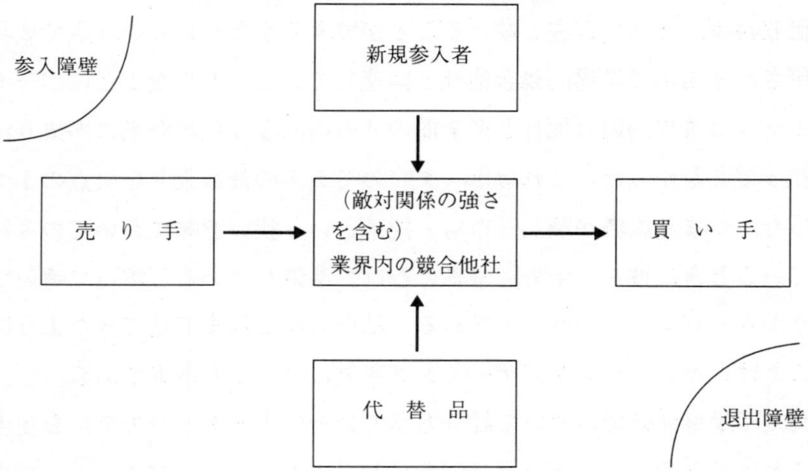

Source：Porter（1980）

において諸力はどこに存在するか，そして時間が経過するにつれそれら諸力が変化することができるかという関係性のなかに存在する諸力の概念によっている。諸力の変化は産業内における業者の強さとある時点におけるそれを和らげる諸力を反映している。つまり，産業を分析するということは，５つの諸力間および関係性に影響を与える諸力が変化するにつれ競争力学が変化するために継続的な活動である。結果として代替品がほとんどなく，新規参入が少なく，売り手や買い手に対して大きな力を持つ成功する産業は極めて短い間に変化することができる。

ポーターのモデルを使用するには時間の経過に伴う競争力学，そしてどのようにそれが変化するか，それらの変化の源泉は何かということを認識するだけではなく，産業と産業内に存在する個々の企業の「強み」と「弱み」を認識する能力が必要となる。個々の企業が未来に適合し，生き残り，繁栄していくためには「強み」と「弱み」の認識が必要不可欠である。

すべてのポーターの分析は製品－市場－技術分野の限定されたなかで行

われている。すなわちポーターのモデルはマーケット・シェア，利益率，株価収益率，そして存在し続けることができるかどうかという点で成功が評価される市場で業界内競合他社と関連している。不幸なことにポーターのモデルは業界内競合他社と産業間の非市場的な変化の源泉にあまり注意を払ってこなかった。これはポーターのモデルの最も大きな欠点の１つであった。つまり組織が製品－市場－技術という狭い意味においてのみ対処しているときに彼らは十分，未来にむけて準備していると誤って導いてしまうかもしれないということである。私たちがこれまで見てきたようにこのことはギャンブリング／ゲーミング産業についても真実である。

例えば半導体分野において競争力学の分析にポーターのモデルを使用することはインテル（Intel）と1995年に起こったペンティアム・チップの問題の解決にはほとんど役に立たなかった。チップをめぐる問題はある条件下で演算ミスが起こったことにあった。典型的なポーターモデルに基づいた分析によれば市場，技術において主導権を握っている場合，製品を生産する決定が下されたとき，インテルがチップの大量生産に動いたことは正しかった。結局，チップの問題についての釈明は極めて数学的に行われ，チップを使用する個人顧客は市場におけるほんのわずかの部分でしかないと思われていた。加えて，時間の経過とともにインテルは高度な問題解決のために使用している顧客のチップを交換することによって問題の解決を図った。不幸なことにインテルはこの問題についてすべてのチップの使用者から起こった激しい論争を予期しなかった。一旦，論争が表面化すると，ポーターのモデルは無関係になり，インテルの経営者にとりこの問題をいかに扱うかを決定することには役に立たなくなった。必要となったのは技術，メディア，広報，政治的および公益団体との関係を保つ技術であった。ポーターのモデルはインテルにとり展開の速い公的な問題とイメージの問題に対応することには役立たなかった。インテルは当初，問題を軽視したために対応を誤り，そして大規模なリコールを必要とすることにはメリットがないとした。いかに言葉を尽くそうとインテルはチップが内蔵されているコンピュータを使用している人々の怒りを過小評価していた。インテルの対応はコンパック（Compaq）のようなインテルのチップを使用している製品に対して否定的な効果を及ぼしつつあった。インテルのこの問題に対する対応のまずさはＩＢＭに対して競争的な機会を与え，そしてＩＢＭはそれに反応した。ＩＢＭはこの問題に高い関心を持ち，すべての欠陥が除去されるまではペンティアム・チップを使用しないとした。ＩＢＭは彼らが顧客の関心を議論した結果，彼ら自身で製造したチップを代わりに使用することを余儀なくされた。間違いなくペンティアム・チップについてのこの問題はインテルとその顧客に対して財務的，そして競争的な地位に影響を与えた。もし組織が市場と技術のことだけしか考えていないとするとこのようなことは間違いなく起こるだろう。

このインテルに起こった出来事はポーターモデルの全否定を意図して取り上げたわけではない。あくまで一部が不完全であることを取り上げただけである。正確にはポーターモデルでは公的，社会的な分野を取り扱っていないということである。しかし，政治的そして社会的な分野から発生した問題を取り扱えないということは致命的な弱点である。産業と個々の企業にとって驚くべくことは多くは社会および政治的な分野での社会的な変化より発生するものである。続いて紹介するモデルの目的はポーターモデルを補い，特にギャンブリング産業のような産業の経営管理者に政治的，社会的な問題を理解し，取り扱うことを助けることにある。

社会および政治的な産業分析のモデル（Ｓ＆Ｐ MODEL）

このモデルにより経営管理者は産業および産業内の個々の企業をめぐる政治的そして社会的な力学を把握することができるようになる（図６－２）。

このモデルの主目的は経営管理者に社会そして政治的な行動を認識できるようにすることにあり，周りを取り巻く存在に信頼される対応をとれるようにし，戦略を立てることができるようにすることにある。S＆Pモデルは政治的そして社会的な活動の財務的，経済的な影響力を扱うために作られたわけではない。しかしながら，これらの活動が可能であり，しばしば産業および個々の企業において深く経済的，財務的な影響力を行使することは認識されている。このことはギャンブリング産業に適用される。したがって本書の第二部を参照されたい。

ポーターモデルのようにこのモデルは，ある時点において諸力がどこで働いているか，そしてこれらの力学が時を経るにつれどのように変化するかを認識する。ポーターモデルにおいては前に指摘した5つの要素に加え基礎となる重要な3つの仮定が存在する。これらの仮定は表6－1に見られるように製品，取引の場，そして通用する単位である。

製品は生産されたものとして定義される。しかしながら，プロデュース

図6－2　産業における競争的，政治的動態のS＆Pモデル

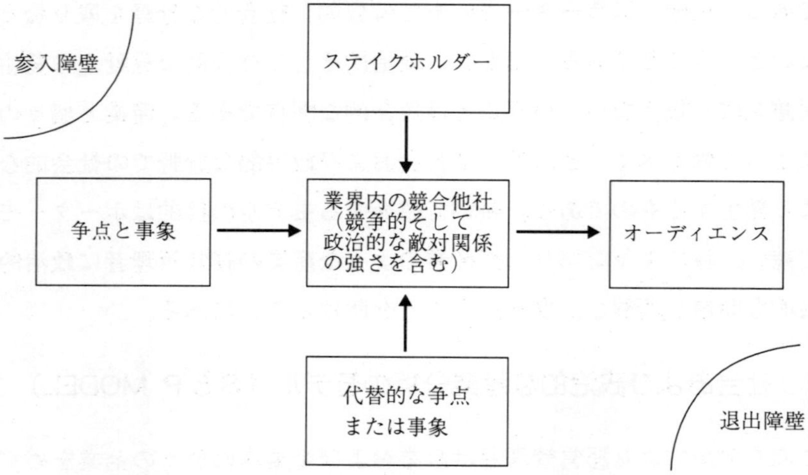

Source：Mahon and McGowan（1996）

表6－1　ポーターモデルとＳ＆Ｐモデルがとる重要な仮定

	ポーターモデル	Ｓ＆Ｐモデル
製品：	財そして（または）サービス	争点／理念もしくは事象
取引の場：	市場	選択された場での解決
通貨／交換の単位	金銭	影響力

するということは辞書によれば「見方，告知を提供する，生じさせる，スクリーン，ラジオ，テレビで公開すること，形作ることなど。」と定義づけられている。ポーターのモデルによれば製品は産業とその競争業者を識別する財，サービスそしてそれらの組み合わせである。例えば自動車産業は自動車と呼ばれる財の製造によってはっきりと識別される。財務サービスを提供する産業は個人，銀行，そして他の金融機関に対して様々な財務的な手法を使用し財やサービスを提供し，生み出すことによって識別される。取引の場は市場でありいくつかのレベルで考えられる。地方の市場，州の市場，地域の市場，国家的な市場，国際的な市場などである。加えて，一般的にはニッチ・マーケットといわれる特定の需要や欲求に基づいた市場を認識することができる。これらのレベルの市場の各々が特殊な面のみならず共有された特徴と関心を持っている。

最後に，産業と事業における通貨の単位は金銭である。組織は尺度（売り上げ，利益，費用，売上高利益率，株価収益率，資本利益率）に基づき金銭を使用し評価を行う。金銭の伝統的な定義は交換の媒介であり，価値の保存であり，勘定の単位である。それゆえ我々は，我々が欲するものを得るために（交換），後に使用するためにとっておく（価値の保存）そして我々がどのくらい所有しているかを計測する（勘定の単位）ために，どのように金銭を取り扱ったら良いのであろうか？

Ｓ＆Ｐモデルにおいて３つの仮定は同じである。すなわち製品，取引の場，通用する単位は存在する。しかしながらこれらの用語の意味合いは，政治的，社会的な力学に焦点を当て市場力学に焦点を当てていないので異なる。S＆Pモデルにおける製品は前に指摘された辞書の定義で補足されているが争点／思想もしくは事象である。争点／思想は企業もしくは産業（すなわち売り手として）に対して投入されるものとして，もしくは産業内の個別企業によって創造されうるものである。売り手とされているのは争点／思想もしくは事象である（Bigelow，Mahon and Fahey，1993）。しかしポーターモデルにおける買い手に売られるのではなく産業そして競争力学に影響を及ぼす外部グループに対して売られるのである。

争　　点

争点とはある問題を解決する際に事実，価値観，意味（個々もしくは組み合わされたもの）に関して少なくとも２人以上の個人もしくはグループ間での不整合として定義づけられる。シェル（Shell Oil）は近年，英国政府とグリーンピース（国際的な環境保護団体）と海洋に油田掘削施設を廃棄することをめぐり係わった。シェルは油田掘削施設を北海に沈めることを提案した。グリーンピースはこれに反対し，このような処理方法は海洋に多くの油を廃棄することになると主張した。シェルはこの計画の実行をグリーンピースの運動と世論の風当たりが強いためにイギリス政府より止められた。1995年の９月にグリーンピースは彼らの主張が誤っていたとシェルに謝罪した。グリーンピースはシェルが試算したよりもはるかに多くの油が油田掘削装置とパイプに残っていると主張していた。実際，シェルは正当な行為（法に基づいた行為）を行ったわけであるがこの争点においては敗北した。アメリカにおいてはシリコンの豊胸手術と林檎に対するアルチオールの使用が事実に対しての意見の相違を反映したものとして長らく論争が続いている。この２つのケースの場合，産業と企業は後に論争のもととなった最初の事実認識が間違いであるにもかかわらず論争の機会もなく規制された。事実に対して真理であるということが必ずしも成功を保証しないことは明らかである。

争点はある状況をめぐる価値観についての不一致から生じる。価値観は人々の信念とある行動に対して公正であるか不公正であるかと人々が感ずることを反映している。遺伝子工学の分野はこのようなタイプの紛争を反映している。この問題は我々が遺伝子的な組成を変え，違ったものを作り出すという事実を基礎とし認識されている。このプロセス（遺伝子工学）に対する反対者は意見は事実に基づくものではなく価値観に基づくものである。つまり，その行為は正しくない行為であるので我々はなすべきではないということである。価値観の相違に基づく争点は産業や個別企業の観点から解決することは極めて難しい。その困難さは反対者に価値観が根ざしている程度と事実に基づいた議論に従うことを良しとしない程度による。この事例はギャンブリング産業が反ギャンブリンググループに直面している問題と同じである。これらのグループは彼らの反対の論拠を宗教的な信念に置いている（例えばトム・グレイは反ギャンブリングの聖職者と旗印を掲げるメソジスト派の牧師である）もしくは，ギャンブリングは貧困に向かわせる害のあるものと強調している。これらの立場を代表する主導的なグループは「合法的ギャンブルに反対する全国的連合体」(National Coalition Against Legalized Gambling：NCALG）である。

最後に意味をめぐる衝突の争点を取り上げることとする。意味をめぐる衝突とはある問題に対して提示された解決策と解決方法についての問題である。近年，多くの国で国家的な競争力を高める方法についてなされている論争が例として挙げることができよう。すべての国家は自国の財やサービスの国際的な競争力を高めることを望んでいる。その恩恵は事実に即したものとして容易に示される。そして最も価値観に基づいて支持される。問題は競争力を高める方法から生ずる。民間資金によってなされるべきか，公的資金によってなされるべきか，そして監査すべきか，などといったいくつかの問題が生じることとなる。特定の企業もしくは産業がターゲットにされるべきか，誰がその選考基準を作成するか，その基準はどういったものかという問題も発生し，結果としてこのような問題を取り扱うことは当初考えていたよりもはるかに困難なことであることが判明する。

例えば，産業に対する争点もしくは理念が規制である。例えば会計の専門家は現在，自己規制している。つまり，会計の専門家は彼ら自身を取り締まっているのである（法律の世界，医学の世界においても同様である）。近年，政府の産業規制に対して産業外の個々人から提案がなされてきている。この理念もしくは争点は産業界からの対応を必要とする売り手という意味において発生した（Mahon and McGowan, 1996）。これらに対する対応の興味深い面としては産業界で広く対応するのか，もしくは個別企業で対応が異なるのかといった点をあげることができる。争点もしくは事象は産業による反応を引き起こすきっかけとなる。争点／事象は産業もしくは企業を特定の行動をさせることとなる。論争を引き起こし，産業界の反応を引き起こすのは政治的もしくは社会的な分野における争点や事象である。例えばユニオン・カーバイド（Union Carbide）の工場がインドで爆発したときに，その事件によって労働者と地域社会の安全を確保するための集中的な調査と工場の問題点について精査が行われることとなった。このような争点，事象は産業界の行動そして反応をもたらし，サプライチェーンの構成要素となっている。

場

製品がある市場（取引の場）で売られるとき，多くの争点の議論（そして様々な利害関係者により作り上げられた機構を通しての購買）が所与の場においてなされる。これらの場は異なった水準を持っている。争点は異なった場で見られるように地方，州，地域，国内，国際水準で議論される。これらの場は公的もしくは非公式なものであり得る。非公式な場とはテレビなどのメディアにおける公的な議論や組織の代表者と役人，政治家との間で行われる会議などを含む。非公式な場は争点の解決を必ずしも必要としない。しかし，各参加者が争点に関与していることを認識することには役立ち，結果として後に共同行動をとる際に有益なものとなり得る。公的な場とは調停，仲裁，訴訟，規制，立法などを含む。これらの水準そして場の各々が特殊な面のみならず特質と関心を共有している。争点が解消したときに意見を表明したりその結果に満足したりするターゲットとなるオーディエンスを決定するので場の選択は重要である。そのため企業や公益グループが訴訟を起こす場合，司法の場におけるオーディエンスを決定することを重要視している。各々の場でとられる戦略は選択された場とターゲットとされたオーディエンスが場に含まれているために異なるであろうということは明記されたい。

影　　響

製品市場において通用する単位は金銭である。政治および社会の場で通用する単位は影響である。影響は金銭と同様，交換の媒体として使用され，後に使用するために保存され組織がどの程度まで保持し，どのように使用するかということが時を経て評価される。トム・ウルフ（Tom Wolfe）の著書『虚栄の篝火』（*Bonfire of the Vanities*）において好ましい銀行についての議論がある。そのなかで好ましい銀行の特質の１つは，誰もがその存在を知っていて人々は決まってその銀行に預け入れ，そして未来において引き出し可能であるとした。この著書の特徴によればその考え方は銀行の未来のために好ましいものであり，なにかの弾み（言い換えれば，十分好ましくないか好ましいことが十分に価値を持たない）では預金を引き出されないことを意味している。このことは影響が何であるかを示しており，時を経ての好ましい取引，そしてそのような好ましさが様々な形態を持ちうることを示している（情報の供給，サービスを与えること，与えないことなど)。企業は好ましいことが未来において要求されるという期待のもとに与えられた立場を支持する。政治的，社会的な場において，このことは交換の大きな単位となっている。そしてこのモデルの他の５つの要素（代替的な争点，利害関係者，業界内競合他社，オーディエンス，そして参入，退出障壁）はこれより定義づけられ議論されることとなる。

代替的な争点

製造業が代替的な製品の参入と関連しなければならないように，政治および社会の分野においては我々は代替的な争点と向き合わなければならない。すなわち時がたち議論が進むにつれ，その焦点が変わってくるということである。変化した焦点は当初の焦点よりも狭いか広く，産業全体に広げられるか産業内の個別企業にのみが対象になるかということを意味している。争点が変わるにつれ，関与する利害関係者のパターンと解決の場も同様に変化する。例えば，もし争点が当初，市民の権利に関することに意見の食い違いを見せたとしたとするのならば市民の権利に関する団体（例えばＮＡＡＣＰ）そして市民の自由に関する団体（例えばＡＣＬＵ）などが関与することとなる。時がたち，もし争点が再定義されたとするのならば，そのときはそれら２つの団体はこの論争から手を引くことになろう。より重要なことは前に簡潔に述べたが，争点の特質とその定義づけは産業の構成メンバーにとっては，極めて難しいものになるということである。

例えば，アルコール産業界と州議会との毎年の消費税の増税をめぐる論争を考えてみることとする。これらの税は常に新しい財源を探している議会にとりターゲットとしやすいものである。アルコール産業界は常に州議会に消費税は逆進的であり消費者にとって公正ではないということを思い起こさせる。興味深いことにＭＡＤＤ（飲酒運転に反対する母の会）のような組織は消費税の引き上げに反対している。ＭＡＤＤはＢＡＣ（血中アルコール含有量）法のような飲酒運転を厳しく禁止する法律などを常に支持してきたが，政治的なバランス感覚を持っており追加的な税に対する民衆の怒りを買うような危険は冒さない。誰も飲酒運転を支持しないが，たやすく追加的な税に対しては動員をかけることができる。

利害関係者

代替的な争点の参入と密接に結びついているのは利害関係者が論争に参入してきて最終的な解決をみるということである（Freeman，1984)。製品市場に参入する新規参入者と同様，利害関係者の論争への参加は定義と力関係双方において競争的な争点の枠組みとターゲットとするオーディエンスに対する影響力を劇的に変化させうる。利害関係者は様々な方法で定義される。この枠組みにおいて利害関係者は個人，団体，企業であり以下のことをなしうる。

・　争点の定義を変える。
・　争点に係わっている当事者間の力関係に影響を与える。
・　ターゲットとするオーディエンスと争点の解決そして解決方法に影響を与える。

例えばラルフ・ネーダー（Ralph Nader）のような誰かが自動車の安全性に関する議論に参加したとしたら争点は劇的に変化し，多くの利害関係者が関与するようになり争点の解消にはより多くのコストがかかるようになるだろう。

業界内の競合者

ポーターのモデルと同様に，業界内の競合者の強度の程度は状況の力学に影響を及ぼす。発生した争点は産業に影響を与えるが，必ずしも同等で統一的な影響を与えるわけではない。例として，消費税の増税に関して前にとりあげたアルコール産業を思い出していただきたい。すべてのアルコール製品の製造者が増税に抵抗しているが，3つのセグメント（ビール業界，蒸留酒業界，ワイン業界）は消費税の増税に関して異なった関心を持っていた。蒸留酒業界はビール業界よりもかなり高い税金をかけられていたので，人は消費税の増税には最も関心を持っているだろうと考えた（McGowan，1997，p.131）。しかし，実際にはビール業界が州議会にかなり強く政治的な働きかけを行った。ビールの飲料者は蒸留酒の飲料者より若く，可処分所得が低い傾向があった。興味深いことに競合者を戦略的なグループに分解し分析を行うとき，これらのグループ分けはいかに産業が政治的もしくは社会的な争点を欠落させていたかについてしばしば洞察に満ちたものとなっている。

例えば，ソフトドリンク産業の分析はいくつかの戦略的なグループを表すこととなる。これらのグループのいくつかは以下のようになる。

- コークとペプシ，巨大企業
- 二番手の企業，例えばドクター・ペッパー
- シャスタ（Shasta）やフランクス（Franks）のような地域の企業

議会がサッカリンを人口甘味料として使用することを禁止しようとしたときに産業に与えた影響はそれぞれ異なった。最も大きな影響を受けたのは収益のほぼ70%をダイエット飲料よりあげていたシャスタであった。この禁止によって収益源を失うことになるのでこの禁止法に対して抵抗したが，一方，残りの企業は禁止法を支持するか無関心であった。同様なこと

が銀行の規制緩和に伴い銀行業界でも見られた。全国的，国際的な銀行はこの規制緩和に賛成したが，州の銀行と地方銀行は反対した。州および地方銀行は規制緩和は彼らに大きな経済的，財務的な影響を与えると考え規制緩和に反対した。

オーディエンス

ポーターのモデルにおける最後の要素は買い手である。買い手は財やサービスを購入し産業界や個々の企業に不満足であった場合には影響力を行使する存在である。ポーターのモデルの概念において，買い手は産業がどのくらい買い手のニーズを充足しているかについて産業に対してのフィードバック機構として役立つものとしている。もし，買い手のニーズが充足されないとするならば，買い手は産業／個々の企業が提供する財やサービスを買わないことによって対応する。つまり，購買という形での財務的な支持を差し控えるのである。そして産業／個々の企業は彼らの行為を変更するか彼らの提供する財やサービスで満足する買い手を捜さなければならない。

政治的，社会的な場におけるオーディエンスはポーターモデルにおける買い手と等しい。シャッツシュナイダー（Schattschneider，1960）は政治的，社会的文脈におけるオーディエンスの重要性を指摘していた。

すべての争いは２つの部分から構成される。

1　中心部分におり積極的に関与している数人

2　否応なくその場面に居合わせるオーディエンス

後者はすべての場面において重要である。シャッツシュナイダー（Schattschneider）は論争において勝者を決定するのは直接的に係わっている個々人の強さではなく支持し参加するオーディエンスによるものであると主張を続けた。我々が見てきたように，政治的，社会的な場でオーディエンスは２つの目的を果たす。オーディエンスは以前定義づけたように利害関係者（シャッツシュナイダーの見解における観察者に入る）とオーディエンスが争点／事象に対する参加者の議論と報告に納得した場合には解決策を提示する判断者，両方の役割を果たすこととなる。企業と産業界はオーディエンスに訴えかけるある方法で問題に取り組まなければならない。このモデルにおけるオーディエンスは争点および問題の解決に対して認識された統制力を行使する一連の個人およびグループとして定義される。したがってオーディエンスは社会的にはメディアであり司法であり，議会であり，監督官庁などである。オーディエンスが産業界もしくは企業の議論に満足したとするのならば，議論は簡単である。オーディエンスは規則（法律の施行，司法的判断，もしくは，もはやその問題に興味をなくした社会の支持）を制定し，その時に争点は解決する。オーディエンス（例えば，監督官庁）が満足したとするならば，その争点は永久に解決したといってよい。これらのオーディエンスは多くの一連の争点を扱うための時間を限定しているということに注目することは重要なことである。結果として，いくつかの重要な争点は，オーディエンスが取り扱う議題があまりにも多すぎるのか，より優先順位もしくは重要度が高いため即座の行動が必要であるため，ターゲットとするオーディエンスの注意を引かない可能性がある。そして，その結果，争点は議題に上らないこととなる。

不幸なことに，争点と問題は状況のすべての流れによって主となる争点の非常に狭い範囲での解決をみるか，もしくは利害関係者のうちの１つが異なった場での争点の解決に関与することによって解決をみることがある。例えば，司法が米国電話電信会社（ＡＴ＆Ｔ）の分割の判断を下そうとしたとき，ＡＴ＆Ｔはその問題の解決に苦慮した。そのとき，ＡＴ＆Ｔはロビイストに議会でこの問題に興味を持っている議員に働きかけ立法的に抵抗するか，もしくは司法的な解決を図ろうとした。ＡＴ＆Ｔのこの試みは失敗し，司法は趣意を受け取りすみやかなＡＴ＆Ｔの分割に動いたが，いくつかの点でＡＴ＆Ｔに有利に動いた。したがって，争点の場が別の場に移されるという脅威は争点が解決される現在の場での好ましい行動をとらせるには十分となる。

それにもかかわらず，解決したと思われていた争点が未来のある時期において再び出てくることがある。繰り返し出てくる問題としては工場と従業員の安全についてである。状況が変化し技術的な知識が発達すると作業環境の安全性に対する要求とそして規制や法が改定されることになる。加えて，以前，指摘したが，オーディエンスという側面において解決を見たとしてもその結果に満足しない人々が異なったオーディエンスを対象に異なった場で問題を提起することがある。この事例において，当局は企業に対し規則を定めるので企業は取り締まりの場では敗北を帰すかもしれない。しかしながら企業（もしくは個人，公益団体の代表者）は司法，もしくは立法の場で異なったオーディエンス，一連の異なった規則，そして様々な利害関係者に訴えかけ判断を仰ぐことができる。社会的な安全に関する問題は繰り返し頻繁に出てくる。論理的になぜこの問題は解決しないのであろうか？この特別な問題を取り扱うことは困難であり強力で活動的な利害関係者の利害が関与しているので永久的な解決は達成されず，問題はいずれ再び表面化するだろうという理解の下，既存のシステムに継ぎはぎをすることになる。

また，オーディエンスの満足は問題の未解決も含む。つまり賛成者と反対者がほぼ同数おりその時点では何も起こらないか，もしくは緊急を要する問題が起こり当初の問題を扱う余裕がなくなったときにそうである。問題の未解決は結局，均衡がとれているか，そしてその時点で最終的な解決にいたることができないということである。

参入，退出障壁

前に紹介した諸力に加え，政治的／社会的分野における参入，退出障壁が存在する。政治的／社会的分野における参入障壁は参入手段と正当性である。そしてそれらは密接に結びついている。システムに参入する手段はシステムの重要な関係者と利害関係者に合わせ，影響を与えることのできる能力である。金銭はポーターモデルにおいては組織に競合者を買収させるかもしくは強力な低価格攻勢で競合者を弱体化させることを可能にする。参入手段は影響力の行使を可能にし，参入手段なしでは政治的／社会的分野での影響力を行使することはできない。争点に係わっているがシステムに参入する手段を持たない利害関係者は暴力的，非合法的な手段をとり，そのことにより争点の解決が得られる場への参入の手段を得ようとする（Cobb and Elder，1972）。正当性とは関与する理由を持っているという他の人に認識させることである。つまり，合法的であるか，その争点があなたもしくはあなたの組織に影響を明確に与えるか，そしてあなたの関与が害を及ぼさないかということである。例えば「動物の倫理的な取り扱いのための団体」（ＰＥＴＡ）は動物の権利を守る闘争的な人々の集まりと認識されている。しかしながら彼らの闘争性は正当化されてはいない。彼らの動物を保護する手段は研究施設の破壊や研究成果の破棄を含むからである。彼らのこのような行為のためＰＥＴＡと正式に交渉しようとする利害関係者および当局はほとんど存在しない。結果として，ＰＥＴＡは政治そして社会的なプロセスへの参入障壁に出くわすこととなった。加えて，参入障壁は組織の過去の行いによっても生まれる。何年も前，ゼネラル・エレクトリック（ＧＥ）は価格を固定するスキャンダルに関与した。それより以前，ＧＥはすばらしい名声を得ていた。この問題について議会の公聴会が開かれたときに，ＧＥは価格を固定したことに対して真摯に回答せず，また対応しようとしなかったので参入障壁に出くわすこととなった。ここでポーターのモデルと大きく異なる所は参入障壁が産業界の行動によって築かれるのではなく，問題が解決されていない場，利害関係者，そして企業の過去の行いの組み合わせによって築かれるという所である。

退出障壁も同様である。産業の性質，争点そのものの性質によって，産業もしくは企業は退出障壁に出くわすこととなる。以前，指摘したように，もし争点が会計の専門家の政府規制の議論に集約したとするのならば，会計専門家は専門的な立場に立った結論を出さなければその議論から外れることはできない。ボパール（Bhopal）の軌跡を辿り工場施設の安全を議論するときにはユニオン・カーバイド（Union Carbide）は議論から外れたかったかもしれない。事実，化学産業全体としてもユニオン・カーバイドにこの問題については沈黙を守って欲しかったが，しかし，ターゲットとなるオーディエンスである議会はユニオン・カーバイドにこの議論から外れることを許さなかった。

産業の業績や存続に影響を与える議論からその産業が退出することは，その問題の解決に対して意見を表明するすべての権利を放棄することにつながる。そして，実際，問題の解決，結果についての何の役割も果たさなくなる。この事実が産業界と個別企業に政治的，社会的プロセスにおける理解を高め，関与して行き続ける重要な理由の１つとなっている。

次節ではＳ＆Ｐモデルを使用しかつてないほどの成長を示しているギャンブリング／ゲーミング産業が直面している２つの争点を分析することとする。

ギャンブリング産業：「依存性」と「公正さ」の争点

「合法的ギャンブルに反対する全国連合」（National Coalition Against Legalized Gambling：NCALG）のようなギャンブリング／ゲーミング産業

の批判者はギャンブリングの活動をゲーミングという言葉で表現することを貶めている。しかしながら，他の反ギャンブリンググループがその産業に抱いているのと同様，ＮＣＡＧＥのその産業に対する主な批判はゲームの特質とかかわっている。特に彼らの批判の矛先はある一定のギャンブラーがギャンブリング活動で陥る「依存性」の問題に向いている。ある一定のギャンブラーはゲームに自由に参入できないし退出できない。もはやこうなってしまうとギャンブルのプレイヤーの自発的な行動ではなくなってしまい，ゲームの基本的な特質を侵すこととなる。「依存性」の問題については非常に多くの調査がなされている。より興味深いことにはゲーミング産業がギャンブリングと「依存性」の関係について積極的に調査する存在を支援していることである。

Ｓ＆Ｐモデルはこの「依存性」の問題がいかに進化しそしてゲーミング産業がどのようにこの問題を扱っていくかについて利用されよう。

ゲーミング産業が取り扱いそして取り扱い続けなければならない問題としては「公正さ」をめぐる問題が存在する。ゲーミング産業の批判者は胴元（すなわち，カジノ，ロトなど）が勝利するようにギャンブリングゲーム自体が仕組まれていると主張している。もし仮にそうであるとするとここでもゲームの特質が侵害されることになる。ロトにとり「公正さ」は他の２つの部門のゲーミングよりはるかに重要な問題となっている。少なくともカジノにあるスロットマシーンが91％の払い戻しをする（つまり，長期的にみれば賭け手は１ドルかける度に0.09ドル失うことになる）が，最も率の良いロトは60％の払い戻しをする（つまり長期的には賭け手は１ドル賭ける度に0.4ドル失うことになる）。したがって賭け手に対する払い戻し率に関してはロトが非難されることになろう。更にこの問題の政策的側面をＳ＆Ｐモデルを利用して分析し，第７章ではロトの販売に警告ラベルを添付した場合の効果について検証することとする。

「依存性」と「公正さ」の争点に対するS＆Pモデル

前節ではゲーミング産業が直面している主要な公共的政策の争点となっている「依存性」と「公正さ」の問題について議論してきた。これらの争点は残ったS＆Pモデルの部分でどのような役割を果たすのかについて検証してみよう。S＆Pモデル分析の概観は図6－3で検証される。この分析手法はS＆Pモデルの5つの要素が取り扱われる際に様々な利害関係者がどのように相互作用しているかについて解明するのに役立つ。

図6－3　ゲーミング産業におけるS＆Pモデル

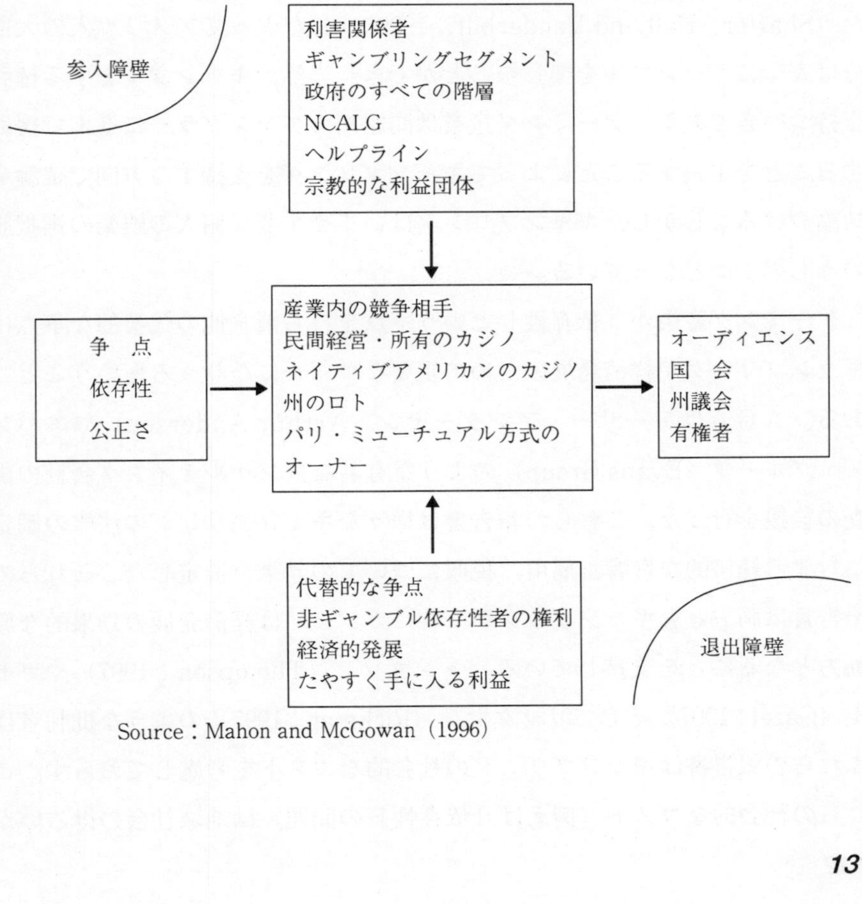

Source：Mahon and McGowan（1996）

代替的な争点

「依存性」の問題を取り扱う際に，ゲーミング産業の戦略は中毒問題が存在することは認めるが，しかし大部分のギャンブラーはギャンブル中毒になることもなく安全にギャンブルを楽しんでいると認識することにある。ゲーミング産業は政策立案当局にギャンブラーは彼ら自身の予算の枠内でギャンブルを楽しんでいることを指摘する。アメリカン・ゲーミング協会（The American Gaming Association：AGA）は現在，大人の全人口の１％程度しか病的なギャンブラーでないことを明らかにした調査に補助を行った（Shaffer，Hall and Vanderbilt，1999）。したがってアメリカ人の大部分は安全にギャンブルを楽しむことができ，当然，ギャンブルをする権利を持つべきである。ゲーミング産業は問題あるギャンブラーに進んで援助することを主張することによってギャンブリングを支持する方向で議論を結論づける。しかし，ギャンブリングはいまや重要な個人の娯楽の選択肢のうちの１つとなっている。

ゲーミング産業が「依存性」という争点を打ち消す他の代替的な争点はギャンブリングが経済発展のための重要なツールになりうるということである。ＡＧＡはアーサー・アンダーセン（Arthur Andersen）やエバンス・グループ（Evans Group）のような有名なコンサルティング会社の調査の後援を行った。これらの報告書は様々なギャンブリングの法律の制定に対する経済的な影響，雇用，税収についての効果を推定した。これらの報告書は両方ともギャンブリング（特にカジノ）は経済発展の効果的な原動力となることを支持している。トンプソン（Thompson：1997）やガゼル（Gazel：1997）そしてリックマン（Rickman：1997）のような批判者はこれらの報告書はギャンブリングの社会的なコストを考慮しておらず，これらの社会的なコスト（例えば「依存性」の問題）は地域社会の得るいかなる社会的な利得よりも勝ると指摘した。ウオーカー（Walker：1999）とバーネット（Barnett：1999）は社会的コストが経済的利得を上回るという主張に対して攻撃を加えた。彼らはギャンブリング産業に対しての批判者が用いる社会的という用語の適応範囲があまりに広いと主張した。そしてギャンブリングの社会的コストの推計が過大に見積もられているとした。いうまでもなく，ギャンブリングを経済的，社会的に推計するという問題は学問的に非常に意義あることである。

「公正さ」の問題に関してのゲーミング産業の典型的な反応はギャンブリングは税金を上げることなく歳入を増加させる良い方法であるということである。ゲーミング産業のうちカジノ部門はこの論を展開できるが，ロト部門はギャンブラーに対しての払い戻し率の「不公正さ」について批判される。典型的なロトを管轄する当局は議会に彼らの払い戻し率の低さを教育や老齢者補助，そして新しい消防車の購入などの良いことのためにロトの収益を使用するためだと説明している。一般的に，ロトを管轄する当局は彼らの払い戻し率の低さをとる戦略を，何の疑問も持たないロトの購入者から搾り取ることが可能なすべての資金を必要とする計画を示すことによって正当化している。

利害関係者

明らかに「依存性」と「公正さ」に対する最終的な解決に対する最も大きな利害関係者は様々なゲーミング部門である。これらの部門すべてがこれら両方の問題に影響を受けている。しかし明らかに，すべての部門につき政策立案当局がこれらの問題を取り扱う際にこれらの問題は等価であるとは考えられていない。「依存性」の問題に関してはカジノ産業が最も標的になりやすいように思われる。確かにカジノ産業の利益を代表するＡＧＡはこの見解をとっている。ゲーミング産業が支援する外部の学術的な調査のみが「依存性」とギャンブリングの間の争点を扱っている。

一方，ロトは「公正さ」とギャンブリングの問題については当局に最も危険であると見られているようである。前に指摘したようにロトは他のどの形態のギャンブリングより低い払い戻し率を持っている。「公正さ」の別の側面においてロトは貧しいものからカジノよりはるかに多く略奪しているという問題を抱えている。

パリミューチュアル産業の基本的な公共的政策は存続することであったのは興味深いことであった。パリミューチュアル産業は時折この問題と結びつくが，その終焉はその役割を論争中のものとする。疑いもなくパリミューチュアルのレース場のオーナーはこれらの公共的な政策を実行しなければならないので十分な数の常連客を欲している。

他のゲーミング産業における主要な利害関係者はネイティブ・アメリカンのカジノであろう。商業カジノと同様にネイティブ・アメリカンのカジノはしばしば多くの常連客をギャンブリング依存性にしていると非難されている。「公正さ」の問題はネイティブ・アメリカンのカジノについては別の側面を持っている。ネイティブ・アメリカンのカジノは直接的には課税されないので（一種の独立国と認められているので）ネイティブ・アメリカンのカジノは不公正に優遇されていると思われている。これら２つの問題が組み合わさってこれ以上ネイティブ・アメリカンのカジノを造ることに対する反動が起こった。しかし，この問題はゲーミング産業における他の強力な利害関係者（つまり政府）の源泉となるうちの１つでしかない。ゲーミング産業に対する政府規制の役割という点において様々な政府レベルでの衝突が繰り返されてきた。ゲーミング産業の規制に関しては連邦政府と州政府は異なった関心を抱いているように思われる。この相違は1999年の６月に発行された「ギャンブリングの国家に対する影響力の調査委員会」（National Impact Commission on Gambling Study）の報告書でより明らかになっている。この問題とギャンブリングの病理学的な問題という点においてこの報告書の４－２において州がギャンブリングで得た税収でギャンブリング教育とプログラムを援助するような方策をとることが要求されている。一方，ＮＩＣＧＳの報告書の３－４では勝率とともにギャンブリングの危険性についての警告をギャンブリング施設の目立つ場所に貼りつけることについて触れている（次章ではこのことがロトの売り上げに及ぼす影響について分析する）。いうまでもなく，この行為は多くの州が伝統的に州政府により統制されてきた産業に対しての連邦政府の保証のない干渉であると不満を漏らしている。また，これらの勧告は現在，州政府がロトの運営や商業カジノに課税できるという収益の流れにとって脅威となっている。ネイティブ・アメリカンがカジノを経営できるということについての州政府と連邦政府との摩擦は州の権利と連邦政府の権限との間の衝突にまで発展した。一般的には州政府は追加的なゲーミングの開催による収益と潜在的な経済的発展に非常に関心を持っている。一方，連邦政府は皮肉なことにネイティブ・アメリカンのために追加的なゲーミングの潮流の流れを止めようとしているように思われる。州政府と連邦政府との間の紛争を引き起こしている別の要素はギャンブリング産業における一連の利害関係者，つまり反ギャンブリンググループに帰することができよう。反ギャンブリンググループは２つに分類される。第一に，宗教的な背景からギャンブリングに反対するグループが存在する。一般的にこれらのグループは福音書によっている。ギャンブリングへの反対はギャンブリングは「隣人のものを欲する無かれ。」という戒律を破るという道徳的な信念に基づいている。第二の反ギャンブリンググループのタイプはギャンブリングは悪い影響から自身を守ることのできない社会の人々からの略奪行為であるという信念に基づいている。皮肉なことに「合法的ギャンブルに反対する全国連合体」（National Coalition Against Legalized Gambling：NC

ALG）のメンバーは彼らの政治的な信条においてはリベラルである。したがって，これら2つの反ギャンブリンググループは保守の信念とリベラルの信念の奇妙な融合となっている。それらの反ゲーミングの信念は異なった原理に基づくが，いかなる形態のギャンブリングに対してもイデオロギー的に結束している。一方，アメリカ人の多くはギャンブリングに寛容であるが，しかし，ギャンブリング産業にとってギャンブリングに無関心な大多数の人々に動員をかけギャンブルをする権利を守るようにすることは大変に困難である。反ギャンブリング連合体がいかに活動しているかについてはNICGSにより明らかにされている。その信念を実行に移すために反ギャンブリンググループはバージニア選出の保守的な共和党の国会議員であるフランク・ウルフ（Frank Wolfe）そしてイリノイ選出のリベラルな民主党の上院議員であるポール・サイモン（Paul Simon）にコミッション設立のための法案に対し協力を仰いだ。州政府レベルでは反ギャンブリンググループの成功はより入り組んだものとなっている。ほとんどの議会がゲーミングに賛成しているとはいえないが，議員の大部分が進んで有権者にどのタイプのゲーミングを選択するかの判断をゆだねている。時折，反ギャンブリングの勢力がゲーミングについて主導権を握るほどに集結することがあるが，一方では増税なしで歳入の増加が望めるということから有権者が他のゲーミング活動を認めることがある。

業界内の競合者

前節でゲーミングの3つのセグメントはゲーミング産業が直面している問題を扱う際に異なった利害関係を持っていることが見受けられた。しかしながら1つの重要で興味深い疑問はギャンブリング産業の様々なセグメントは協力し合い政策決定のプロセスに影響を与えているかどうかということである。「依存性」と「公正さ」の問題についてはそうではない。ロトとパリミューチュアルの賭けのセグメントは「依存性」の問題はカジノの問題であると感じているようである。ロトとパリミューチュアルの賭けのセグメントは彼ら自身を「依存性」がなくゲーミングの良い形態であると描写しようとしている。彼らはカジノ産業と可能な限り係わらないようにしようとしている。しかしながらカジノは今やギャンブリング産業における支配的な地位を占めている。「公正さ」の問題を取り扱う際に，ロトのセグメントは最も批判されるべきであるという姿勢をカジノ産業はとっているように見える。そしてまたロト産業から距離を置こうとしている。

NICGSに対してさえギャンブリング産業は結束しようとはしない。フランク･ファーレンコフ（Frank Fahrenkopf）は「依存性」の問題を認め，すぐさまＡＧＡが資金的な提供を未来に渡って行う学術的な調査に対して行うことを表明した。一方，ロトとネイティブ・アメリカンのゲーミングは彼らがどのように彼らの事業を行うかについて疑問を示すコミッションの権利について意見を表明した。州自身がロトを運営するかどうかを決定するので，連邦政府は州のロトに対する政策を決定する役割は担っていない。一方，ネイティブ・アメリカンのカジノはコミッショナー達にそれらは自治区を代表しており，それらのゲーミングは州政府により認可されているということを思い起こさせた。そして最終的なＮＩＣＧＳの報告書はカジノよりもロトとネイティブ・アメリカンのゲーミングに批判的であることは驚くに値しない。しかし，また，コミッションはその最初の勧告（３－１）において州は州内においてギャンブリングを規制するためには最もふさわしいとした。ギャンブリングのより一層の拡張に対する猶予をうたうその最初の勧告はマスメディアと一般民衆に退屈なものとして迎えられた。ゲーミング産業は安心したが，公共的な政策のプロセスを取り扱う場合，統一的な行動をとることができないことが露見した。

オーディエンス

一般的な民衆はもはやギャンブリングを道徳的に悪いものであるとは見ていないが，大部分のアメリカ人は一般的にはギャンブリング産業に対しては無関心である。彼らはギャンブルをする機会を持つことを好むかもしれない。しかし，また，彼らはもしカジノが彼らの近隣にできたとしたのであれば複雑な思い（NIMBY：Not In My Back Yard）に悩まされることになる。

本章で政府の２つのレベルでのギャンブリングに対する規制についての争いが指摘された。すなわち州と連邦レベルでである。一般的に州議会では州に追加的なギャンブリングの機会を認める考えにより傾いているように思える。これらの州議会の主な動機づけは経済発展の可能性と追加的な増税に頼らない歳入の増加によってなされる。一方，連邦政府はゲーミング機会の拡張に慎重な態度を示しているように思われる。しかしながら1990年代の議会の風潮（アメリカの最高裁と同様）により連邦の主導権に伍して州の特権が再構築された。これによりギャンブリング／ゲーミング産業は自身で設立できるようになり，その結果，すべてのアメリカ人にとり400マイル以内にカジノが存在するようになった。ギャンブリング産業と政府の関係について顕著であったことは司法の介入がなかったことである。確かに，「依存性」の問題はタバコ産業に数多くの訴訟に対応させることとなった。しかしながら，反ギャンブリンググループはギャンブル依存性者がゲーミング産業に対して州もしくは連邦レベルで起こした訴訟に関係するいかなる訴訟も支持しなかった。

ギャンブリング産業は幸運なことに政治的なオーディエンス（顧客を基礎とする反対者として）は非常に狭くそして政府の一部門でしかなかった。反ギャンブリングの勢力もギャンブリング／ゲーミング産業もゲーミングの争点についていかなる関心をも喚起することはできなかった。メディアによりギャンブリングのイメージは幾分，行儀が悪いものではあるが害のない気晴らしとして描写されている。結局のところ，メディアが反ギャンブリングの勢力となりギャンブリングの問題についてのオーディエンスにまでなるかどうかは明らかではない。

参入と退出の障壁

この分析においては政府のすべてのレベルの立法府がギャンブリング産業が直面している問題に対しての論争に参入するにあたっての手段と正当性を持つ利害関係者である。しかし，ギャンブリングに対する議論を決定する一部分となる他のオーディエンスを留意することは更に興味深いことである。多くの団体（例えば，反喫煙，反飲酒団体）は議会がタバコ産業やアルコール産業を規制する法律を制定しないときには法廷闘争に訴えた。しかし，以前，述べたようにこの法廷に訴えるという方法はギャンブリング産業では見られなかった。

なぜ，一般の民衆はギャンブリングの問題に興味を抱かないのだろうか。これには2つの理由がある。まず，第一に，一般の民衆はギャンブリングを受け入れているか，許容していることがある。一般の民衆は，その活動が他の人に害を及ぼさない限りにおいてはいかなる活動も認めようとする。マイ・ウェイ（*My Way*）はアメリカ社会のテーマソングである。第二に，ギャンブリング産業はギャンブリングの機会の爆発的な普及に伴いスキャンダルから自由になるようになった。マスメディアはギャンブリングの悪についてアメリカ社会の良心に衝撃を与えるスキャンダルをとりあげる機会を持たなくなった。いまや，ギャンブリングは第2章で取り上げたように無邪気な特質を持ったゲームとして見られている。ギャンブリングのブームは人には直接的には害を与えているようには思えない。そして一般の民衆は，ギャンブリング／ゲーミング産業が存在する権利を支持しないまでも黙認する。

退出障壁について，ギャンブリングについての将来の議論から抜け出ようと表明している利害関係者は国会である。議会により権限を与えられアメリカ社会における全国的な影響を調査したＮＩＣＧＳの報告書は，その最初の勧告で「州が州内におけるギャンブリングを規制することが最もふさわしい」（NICGS，3－1）とした。これは明らかにギャンブリング産業と反ギャンブリング産業の勢力がギャンブリングの拡張に対しての将来の議論が州レベルでなされることを示している。アメリカの一般民衆は，大多数のアメリカ人が認めていると思われる産業を連邦政府が規制することを望んでいない。

明らかにギャンブリングの３つのセグメント，反ギャンブリンググループ，そして州政府はギャンブリング産業における主要な利害関係者である。州政府とギャンブリング産業にとっての利害は経済である。一方，反ギャンブリンググループがギャンブリングに反対するイデオロギー的な必然性は変わらず強い。これらの利害関係者は将来におけるギャンブリングの拡張に取り組むか，もしくはギャンブリングの時計の針を戻すかに取り組むことになる。

結　　論

本章においてはモデルを構築しギャンブリング産業が直面している政治的，社会的な諸力を分析してきた。２つの争点が分析された。「依存性」と「公正さ」の問題である。これらの争点は1980年代，1990年代を通してゲーミング産業に現れそして将来にわたっても続くであろう。政府（国会そして州議会）はゲーミング産業と反ゲーミンググループにより提示された議論にとり主要なオーディエンスである。ギャンブリング産業の様々なセグメントは結束しておらず，反ギャンブリングのグループも議会にギャンブリングは禁止されるべきであると説得できていない。

そして2000年にはギャンブリング産業と反ギャンブリンググループはどこに行こうとしているのだろうか。ギャンブリング産業を取り巻く現在の政治的，社会的環境には手詰まり感が漂っている。連邦政府がゲーミング産業を規制する責任から手を引いたので，州がギャンブリング産業と反ギャンブリンググループとの主戦場となった。州レベルにおいてはゲーミング産業と反ゲーミンググループ双方が勝利を収めた。ロトは是とされ，そして是とされなくなった。リバーボートゲーミングはそのシェアにおいて勝利を収めそして後にそのシェアを失った。ゲーミングに関する両サイドの議論にとり勝利するか敗北するかという傾向はこれからも続くであろう。ギャンブリングを取り巻く議論は経済的，社会的，そして心理学的に非常に入り組んでいる。アメリカの一般民衆はギャンブルを行う機会を享受しているように思えるが追加的なゲーミングが生活の質に影響を与えるか否かという疑問も残っている。本章で検証された政治的，社会的な争点の１つは「公正さ」をめぐる問題である。「ギャンブリングの国家に対する影響力の調査委員会」（National Impact Commission on Gambling Study）による勧告の１つとして勝率を提示し，いかに公正な賭けが行われてきたかを賭け手が認識できるようにすることがあった。次章では勝率を提示することがロトの売り上げにどの程度，影響を与えたかについて実証的な手法を使い分析を行うことにする。

ギャンブリングと警告ラベル：ギャンブリング産業にとっての新たな危険

序　　説

1980年代から1990年代にかけては社会的なコメンテーターによりビジネスの面では保守が大勢を占めたとして特徴づけられる。しかしながら「罪」の産業（タバコ，アルコール，そしてギャンブリングー合法的ではある）にとってはこの時代は彼らの存在をめぐり大きな経済的，社会的な圧力にさらされた時代であった。当局がこれらの産業の合法性に揺さぶりをかけるためにとった手段のうちの１つとして「警告ラベル」が存在する。

1968年にタバコのメーカーはタバコの箱に「喫煙はあなたの健康を害するかもしれません。」というような警告ラベルを添付することが必要となった。これが反喫煙の勢力がタバコ産業に対する初勝利である。結局のところ警告ラベルのメッセージは３か月ごとに変更されなければならず警告ラベルの添付場所自身も箱の異なった場所に移動させられなければならなかった。このことは反喫煙団体にとって活発な公共政策上の実験と公的な議論の対象として喫煙と健康の問題を取り上げることに成功した初めての機会である（McGowan，1994）。

アルコール産業は1990年まで警告ラベルを添付することを何とか避けていた。アルコール産業は「妊娠中の女性は胎児が障害をおうリスクが上がるためにアルコールの摂取はおやめください。」または「アルコール飲料の摂取は運転能力を損ない健康上の問題を引き起こす恐れがあります。」というような警告ラベルが必要とされた。アルコール産業の歴史は極めてタバコ産業の歴史と似通っている。第一に，警告ラベルの添付が要求されたことをあげることができる。様々なアルコールのセグメント（ビール，ワイン，蒸留酒）はボトルの異なった箇所に様々な警告ラベルの添付箇所を変更するように要求されてきた。また，警告ラベルの添付要求はＭＡＤＤのような反アルコール団体によるところの最初の攻撃材料のうちの１つであった。

「ギャンブリングの国家に対する影響力の調査委員会」(National Impact Commission on Gambling Study）が1996年に国会により設立されたとき，委員会がギャンブリング産業に勧告した提案のうちの１つはギャンブリング産業に警告ラベルを添付することを要求することであったことは良い「賭け」であると考えられた（NICGS，最終報告，3－４章)。これらの警告ラベルは２つの形態をとる。第一にギャンブリング依存性者，もしくは依存性になりつつある人々に助けになる通話無料の電話番号を提示することである。第二に，勝率もしくは払い戻し率をカジノやロトを販売する施設に提示することである。そしてギャンブリング産業は警告ラベルを添付することを望んでいないが，これらの警告ラベルはリスクを好まない顧客やギャンブリング依存性の可能性がある潜在的な顧客に情報を与えることになる。

いうまでもなく，ギャンブリング産業は「全国ギャンブリング委員会」（National Gambling Commission）による表面上の警告ラベルの添付には乗り気ではない。ギャンブリング産業のカジノやロトのセグメントは「罪」の産業である同類のタバコやアルコール産業がかつてそうだったように様々な警告ラベルに抵抗している。したがって警告ラベルを添付するかどうかという最終結論はギャンブリング産業の資金量と反ギャンブリング勢力のイデオロギー的な熱意との政治的争いとなるであろう。

本章においてはギャンブリング産業の警告ラベルを取り巻く経済的な問題について検証することとする。具体的には，賭け率とギャンブリング依存性者のための800という電話番号を記載することが必要な警告ラベルが州におけるロトの売り上げに与える効果を分析することによって全国的な警告ラベルの経済的効果を検証することとする。

警告ラベルの経済的効果

800という電話番号もしくは大当たりの確率を添付するというということはＮＣＡＬＧのような反ギャンブリンググループにより提唱された。ギャンブラーがギャンブル依存性の可能性を恐れたり賭け率がギャンブラーにとり不利なのでギャンブル活動には価値がないとしてギャンブラーがギャンブルをしなくなることが彼らの望みであることは明らかである。

この目標が達成されるかどうかを確認するために，様々な州のロトの売り上げがほとんどの州が提供しているゲームの３つのタイプ（デイリーナンバー，ロト，そしてインスタントゲーム）のために分析される。その分析によって警告ラベルの添付された州のロトの売り上げが警告ラベルの添付されていない州のロトの売り上げと大きく異なっているかどうかが明らかになろう。州の２つのペアー（１つの州は警告ラベルの添付が要求されており，他方は要求されていない）が比較検討される。中西部（ミネソタ，ウイスコンシン）の州と南西部の州（アリゾナ，ニューメキシコ）を検証することとする。

様々なタイプのロトのプロダクトライフサイクル

第４章で指摘したようにプロダクトライフサイクルはロトのような製品の推移を４つの段階に分けて示したマーケティングの概念である（図４－１参照）。プロダクトライフサイクルにおける製品の推移が良く示されている。この節ではロトのライフサイクルが警告ラベルの添付により警告ラベルが存在しない州のロトのライフサイクルと異なるかについて検証することとする。

この比較は各ロト（インスタント，パワーボール，デイリー）の1998年1月から1999年8月までの週当たりの売り上げを基礎としている。この売り上げデータは自己相関しているので（よくあることではあるが）データは異なり，そして様々なライフサイクルモデルが異なったデータに当てはまる。マサチューセッツ・ロト・コミッションによりすべての売り上げデータが供給され分析に使われている。この分析の結果は本章の残りの議論の基礎となっている。

ミネソタとウイスコンシン

ミネソタとウイスコンシンはそれぞれ1990年と1988年にロトを設立した。これらのロトの導入はミシガン（Michigan：1972）やイリノイ（Illinois：1974）のような他の中西部と比較し最近のことであった。しかしながらミネソタもウイスコンシンも1988年以降，劇的なインディアンカジノの増加を経験した。したがって，これらのロトの設立はインディアンカジノによって失われた潜在的なギャンブリングの収益を回復させるための両州の試みであった。両州がロトを設立するにあたってとった方法で多く異なる点はミネソタでは通話無料の800という電話番号とともにロトの勝率の記載が要求されることにあった。双方のロトは極めて近い場所で運営され，双方はインディアンカジノの劇的な増加を経験しており，唯一，様々なロトのプロダクトライフサイクルに影響を与える異なる点はミネソタが警告ラベルを添付していることにある。次節では近隣州のロトは実際には警告ラベルによって影響を受けるかどうかについて検証することとする。

ミネソタとウイスコンシンのライフサイクルの結果

ミネソタ

インスタントの売り上げ$=.455X-.0112X^2+.00081X^3$

$(F=357.59,\ p=.000,\ R^2=.931)$

パワーボールの売り上げ$=.0831X-.0007X^2-.000003X^3$

$(F=57.28,\ p=.000,\ R^2=.589)$

デイリーの売り上げ$=.0226X-.0006X^2+.00004X^3$

$(F=424.11,\ p=.000,\ R^2=.942)$

図７－１　ミネソタのインスタントの売り上げ（1999年および2000年の一部）

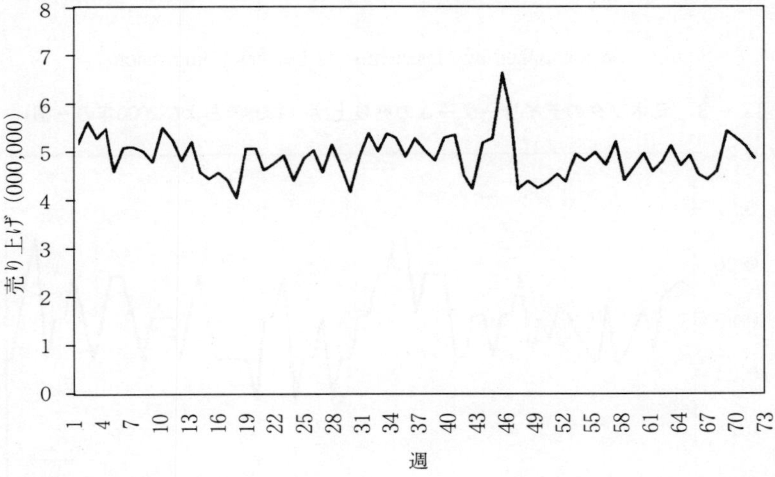

Source：Data supplied by Massachusetts Lottery Commission

図７－２　ミネソタのパワーボールの売り上げ（1999年および2000年の一部）

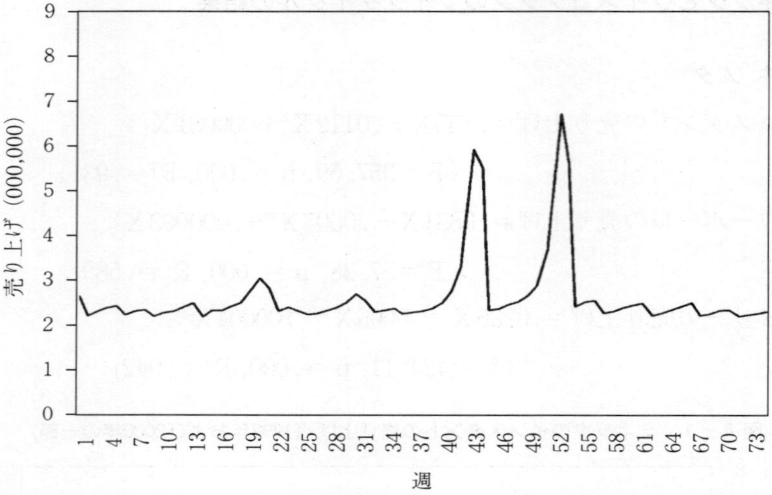

Source：Data supplied by Massachusetts Lottery Commission

図７－３　ミネソタのデイリーゲームの売り上げ（1999年および2000年の一部）

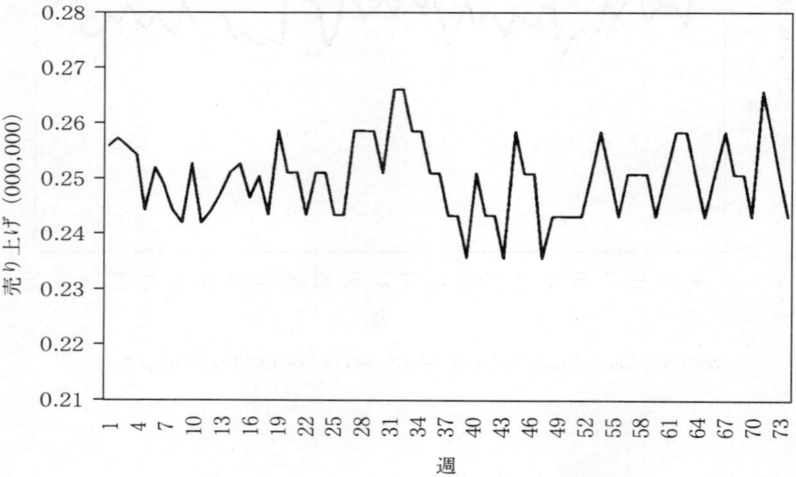

Source：Data supplied by Massachusetts Lottery Commission

ウイスコンシン

インスタントの売り上げ$=.4745X-.00124X^2+.00092X^3$

$(F=301.06, p=.000, R^2=.921)$

パワーボールの売り上げ$=.0378X-.0014X^2-.00002X^3$

$(F=21.79, p=.000, R^2=.471)$

デイリーの売り上げ$=.0174X-.0005X^2+.000033X^3$

$(F=266.09, p=.000, R^2=.884)$

図7－4　ウイスコンシンのインスタントの売り上げ（1999年および2000年の一部）

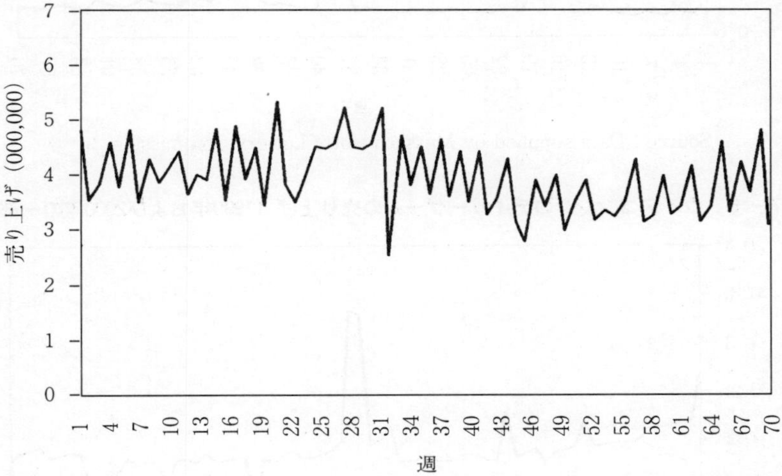

Source：Data supplied by Massachusetts Lottery Commission

図7－5　ウイスコンシンのパワーボールの売り上げ（1999年および2000年の一部）

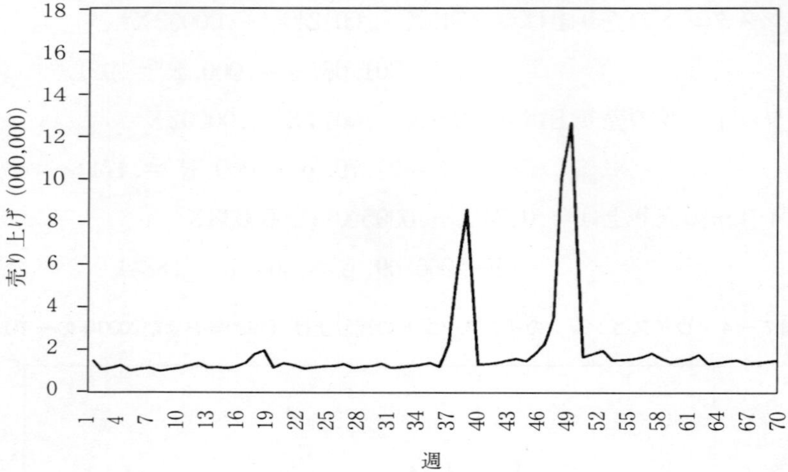

Source：Data supplied by Massachusetts Lottery Commission

図7－6　ウイスコンシンのデイリーゲームの売り上げ（1999年および2000年の一部）

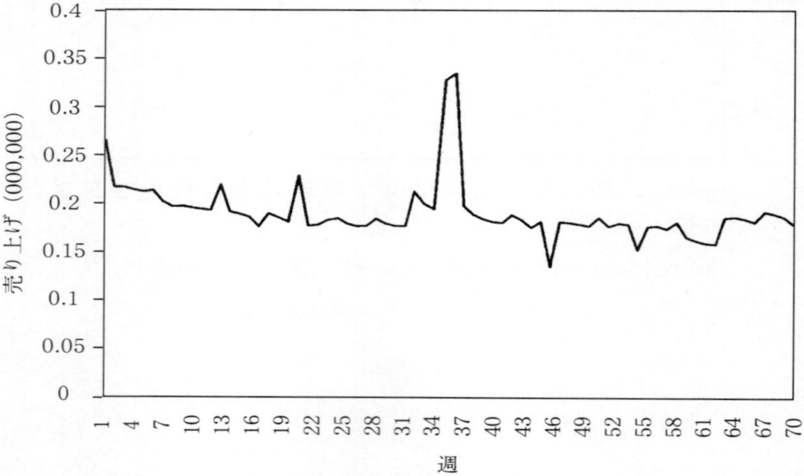

Source：Data supplied by Massachusetts Lottery Commission

これらの結果は両州が直面しているロトの売り上げのライフサイクル・パターンは極めて似通っていることを示している。両州においてデイリーナンバーの売り上げが停滞している一方，インスタントロトの売り上げが伸びていることは大変興味深い。一方，パワーボールの売り上げは時折，大当たりの可能性があるために急騰するが凋落傾向にある。このことは一般的にロトは「大当たり疲労症候群」（jackpot fatigue）として知られる現象に蝕まれていることを示している。つまり，プレイヤーは当選金が極めて多額なときにのみロトを購入し，通常時には購入しないということである。一般的に，ロトの収益はミネソタとウイスコンシンにおいて停滞しているように見える。したがって，ミネソタにおける警告ラベルの添付は州におけるロトの売り上げに影響を及ぼしていないように見える。

アリゾナとニューメキシコ

米国の南西部はロトの持つ収益力に注目した最後のエリアの１つである。北西部，または中西部の大部分は1970年代にロトを設立した。最初の南西部におけるロトはアリゾナで1981年に設立され1996年に南西部における最後の州であるニューメキシコでロトが認められた。したがってロトを南西部の州が収益を上げるために利用し始めたのは近年のことである。

1981年にアリゾナでのロトが認められたわけであるがロトのチケットに勝率の表示が義務づけられていた。この規定は疑いもなくロトの導入の反対者とロトに対して「公正さ」を求めるアリゾナの有権者を考慮して導入されたものである。一方，1996年にニューメキシコの議会は勝率の表示を義務づけることなしにロトの導入を決定した。ニューメキシコの議会はロトの導入に際し，「依存性」と「公正さ」の可能性に対して懸念をあまり抱いていないように見える。

アリゾナとニューメキシコのライフサイクルの結果

アリゾナ

インスタントの売り上げ$=.2158X-.0057X^2+.00043X^3$

$(F=597.75, p=.000, R^2=.957)$

パワーボールの売り上げ$=.0775X-.0003X^2-,000006X^3$

$(F=34.18, p=.000, R^2=.459)$

デイリーの売り上げ$=.0216X-.0006X^2+.00004X^3$

$(F=378.57, p=.000, R^2=.934)$

図7－7　アリゾナのインスタントの売り上げ（1999年および2000年の一部）

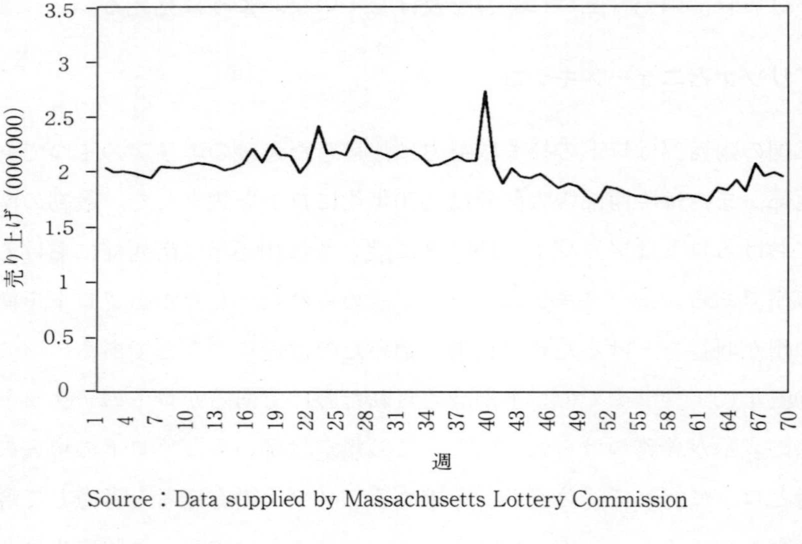

Source：Data supplied by Massachusetts Lottery Commission

図7－8　アリゾナのパワーボールの売り上げ（1999年および2000年の一部）

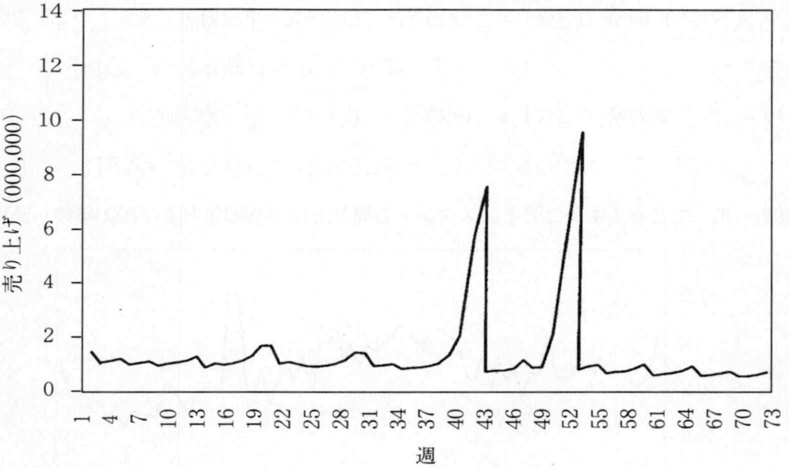

Source：Data supplied by Massachusetts Lottery Commission

図7－9　アリゾナのデイリーゲームの売り上げ（1999年および2000年の一部）

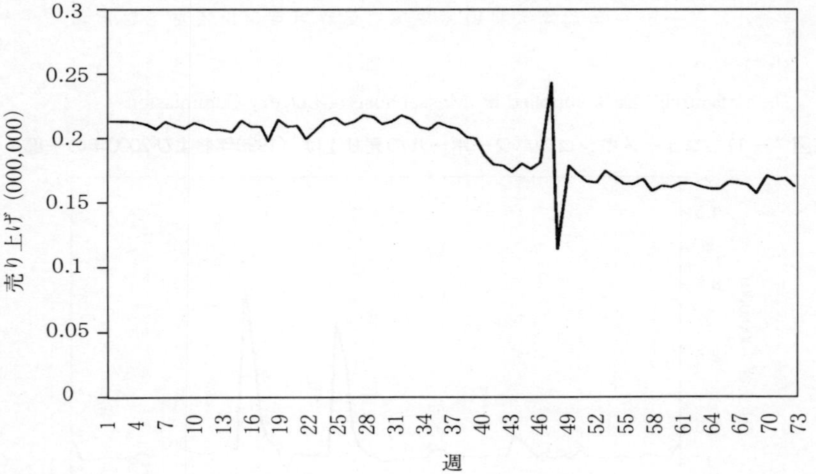

Source：Data supplied by Massachusetts Lottery Commission

ニューメキシコ

$$インスタントの売り上げ=.0905X-.0023X^2+.00017X^3$$

$$(F=496.5,\ p=.000,\ R^2=.948)$$

$$パワーボールの売り上げ=.0323X-.0002X^2-.000002X^3$$

$$(F=64.28,\ p=.000,\ R^2=.511)$$

図7－10　ニューメキシコのインスタントの売り上げ（1999年および2000年の一部）

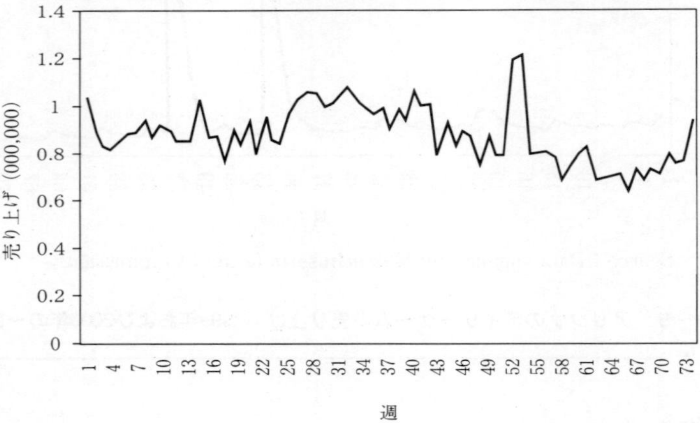

Source：Data supplied by Massachusetts Lottery Commission

図7－11　ニューメキシコのパワーボールの売り上げ（1999年および2000年の一部）

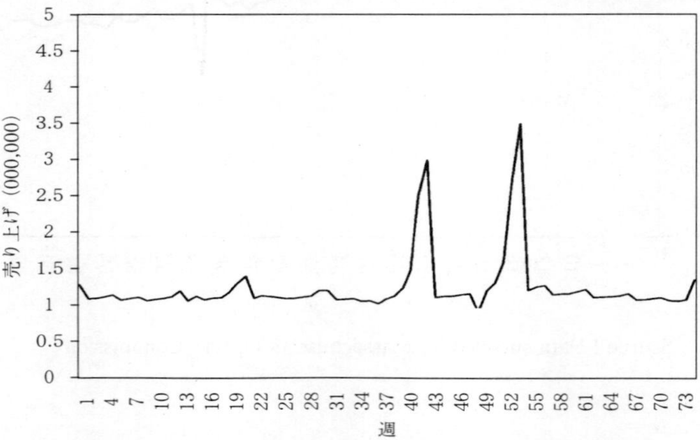

Source：Data supplied by Massachusetts Lottery Commission

再び，勝率もしくはロトのチケットに対する依存性に対する警告がロトの売り上げに影響を及ぼさないことが判明した。ミネソタとウイスコンシンで見たようにパワーボールは「大当たり疲労症候群」(jackpot fatigue)に苦しめられており，そしてインスタントゲームは大きな成長の可能性を秘めている。また，ニューメキシコは1998年の半ばにデイリーナンバーを設立することをあきらめインスタントゲームと他のロトに注力するようになったことは興味深い。

結　　論

警告ラベルや勝率をロトに添付することはロトの売り上げに影響を与えていないように見える。過去のタバコやアルコールにおける警告ラベルの推移を見る限り，この事実は驚くに値しない（McGowan，1995)。しかしながら，ギャンブリング産業を取り巻く論争において長期的視点に立った場合，ロトの売り上げに影響を及ぼさないということは政策的に意味がないということではない。

例えば，警告ラベルはタバコに1968年以来添付されてきたが喫煙者に喫煙を思いとどまらせるにはいたらなかった。しかし，反喫煙グループは喫煙が依存性を伴う行為であるということを打ち立てたという意味で勝利を収めたと主張している。警告ラベルは非喫煙者による受動喫煙などの問題において喫煙の正当性を損なうこととなった。それは何年にも渡り喫煙に制限を加える正当事由の一部となった。

ギャンブリングがタバコが辿った道を辿るかどうかはまだわからない。現在，アメリカ人の大部分はギャンブリングを受容できる行為であると見ている。以前，見てきたように1990年代を通じてギャンブリングを社会的に受容できる行為であると見るアメリカ人の割合は着実に増加した(Harrah's，1999)。これらはアメリカ人の大部分が社会的な合意事項として寛容の倫理を働かせているということの結果であると以前，確認した。

1980年代後半に反ギャンブリンググループは彼らの反対の論拠を宗教的，道徳的な理由に置いていた。反ギャンブリンググループはいまだに強い宗教的な要素を内包している。メソジスト派の牧師であるトム・グレイ（Tom Grey）はギャンブリングに対して全米で反対運動を繰り広げている。しかしながら反ギャンブリング活動の大部分は「依存性」の問題に集約される。 様々な意味で，反喫煙団体は喫煙の「依存性」の問題に対して同様の議論をしている。反喫煙グループは個人の喫煙する権利を認めてはいるが，他人を害する（受動喫煙によって）行為は個人が「依存性的」な行為を続ける要求より重大な問題であるとしている。確かに，反ギャンブリンググループは同様の議論を展開している。ギャンブル依存性の社会的なコスト（犯罪，家族の金銭的困窮など）は個人がギャンブルをする権利よりも重大な問題であるということである。

ギャンブリングの依存性の問題に対して警告ラベルが添付されるかどうかということは長期的に見た場合，ギャンブリングに制限が加えられることにつながるとは限らない。ギャンブリング産業は警告ラベルの添付に抵抗したが，1960年代に同様の問題に直面したタバコ産業とは異なった方法で依存性の問題を取り扱った。タバコ産業は依存性の問題はないとしていたが，ギャンブリング産業はある特定の個人については依存性の問題は存在するとした。事実，ギャンブリング産業はギャンブリング依存性の調査者に対する主要な資金供給者である。おそらく，ギャンブリング産業はこの先見性のある姿勢により更なる政府によるギャンブリング活動に対する規制から逃れることができよう。しかし，ギャンブリング産業は将来においてより強い政府の監視下に置かれることになるであろう。

終章においてはギャンブリング産業の将来的な政府との関係と経済的な側面を併せて分析しフレームワークを提示することとする。

ギャンブリング：我々はどこにおり，どこに行こうとしているのか

序　　説

ギャンブリング産業がゲーミング産業へ語義上の変化以上に進化したことは本書のテーマであった。この進化はゲーミング産業を取り巻く経済的，政治的環境に大きな変化をもたらした。本章ではこれらの問題を三節に分けて取り扱うこととする。第一に前章で述べた政治的，経済的な変化を要約し，ゲーミング産業の未来について取り上げる。第二にゲーミング産業の未来に影響を与える一連の潮流について取り扱う。そして，最後にゲーミング産業を規制しようとしている当局が直面している問題を緩和するために役に立つ一連の政策的な勧告について取り扱うこととする。

ゲーミング産業の経済的，政治的要約

経　　済

ギャンブリング産業がゲーミング産業に変化した理由のうちの１つはかつてないほど成長を続けるエンターテイメント産業の一部になることであった。しかし，エンターテイメント産業の一部となったとき，２つの重要な変化がこの新しいゲーミング産業に現れた。

明らかに，エンターテイメント産業の主流に入ることは1980年代，1990年代を通じての産業の急激な成長を促進した。ゲーミング産業の焦点は，単に賭け手に勝利のスリルを提供することではなく顧客が自身のエンターテイメントに費やす予算を使う場所であることに置かれた。ゲーミング産

業の典型的な顧客は長期に渡り様々な種類のゲームを楽しむ人々である。

ギャンブリング産業からゲーミング産業に推移したことによるもう１つの変化はアゴン（ＡＧＯＮ）的性格を持つゲームからアレア（ＡＬＥＡ）的性格を持つゲームへの変化であった。アメリカ人は「競争」を伴うゲームよりも「運」を伴うゲームを好むようになった。一般的に，アメリカ人は受動的なエンターテイメントを好むようになってきており精神的なトレーニングを伴うエンターテイメントは好まなくなってきている。

この新しいゲーミング産業における競争の基準に照らし合わせた場合，上記の変化の恩恵を最も受けているゲーミング産業のセグメントはカジノである。カジノ産業は顧客に他のゲーミング産業以外のエンターテイメント産業と同様に様々なゲームを提供することが可能であった。賭け手にハンドルを引く（もしくは多くの場合，ボタンを押す）こと以上のことを要求しないスロットマシーンとビデオポーカーは現代のカジノで主流を占めている。カジノの経営者はお互いに大きな獲物（多額の金額を賭ける賭け手）を求めて競う一方，成功するカジノの主要な目標はギャンブラーの大部分に彼らのカジノでショッピングしたり食事をしてもらうように十分に動機づけることである。当然のことながら，この成功への方程式はカジノ自身が見出した最終的なあるべき姿のタイプにより大きく影響を受ける。明らかに，全国的な目的地（ラスベガス，アトランティックシティそしてミシシッピー）はリバーボートよりもより効果的に全方向的なエンターテイメントの戦略をとることができる。しかし，リバーボートのゲーミングでさえボートをエンターテイメントの資源として使用している。このエンターテイメント性の強調はネイティブ・アメリカンのゲーミングの経営者がとっている戦略において主要な役割を果たしている。もっとも成功したネイティブアメリカンのカジノであるフォックスウッドはいまやネイティブアメリカンの歴史博物館と同時にゴルフ，ショッピング，そしてショーを提供している。

1990年代を通じて古くから設置されている州のロトはほとんど成長しないか，全く成長しなかった。全国的に見てもジョージアやテキサスのようなロトを導入した州によってロトの売り上げは成長したにすぎない。1990年代においてビデオのロトの導入はロトの収益を大幅に増加させた。しかし，長期的に見た場合，デイリーナンバーや様々なロトのゲームのような伝統的な州のロトにとってはほとんど意味をなさない。

新しく設立されたにせよ古くからあるにせよロトの成長はすべてインスタントゲームによっている。これらのインスタントゲームは唯一，様々な顧客の要求に応えることができるロトである。インスタントゲームは顧客に小さなエンターテイメントを提供する。しかし，第４章および第７章でみたようにインスタントゲームの成長は州の立法府を満足させるほどの資金を集めていない。したがって，ゲーミング全体の収益は増加しているが，州によるロトの売り上げは大部分停滞している。

一方，パリミューチュアル産業はゲーミング産業における病人となってしまった。もっとも伝統があり華麗なゲーミング産業のセグメントであるが顧客にエンターテイメントを提供するにあたり大変な困難に直面している。しかし，パリミューチュアル産業の運命は以前，考察した一般民衆がエンターテイメントに費やす金銭を使用する「運」がものをいうゲームの辿った運命を確認するだけで事足りよう。

政　　治

一方，ゲーミング産業（特にカジノのセグメント）はよく組織されている。アメリカン・ゲーミング協会は依存性に焦点を当てた研究に資金援助を行っている（また，ゲーミングの与えるインパクトについての独立的な経済的調査には資金援助をしてこなかったということは注目に値する）。

そして依存性の問題を認識してきた。カジノは極めて政治家に寛大である（ネイティブ・アメリカンのゲーミングは民主党に対して，商業的なカジノは共和党に対して）。そして，無論のこと州と地域の政府に対して莫大な歳入をもたらしている。

しかし，反ギャンブリングのグループが一般民衆の関心を引けないことに対して感じるフラストレーションの最も根本的な理由はアメリカ人がギャンブルを愛していることにある。ギャンブラーであることの「罪」と「恥」はアメリカ人の意識の中より消え去った。第２章においては寛容の倫理が大部分のアメリカ人の主要な道徳的規範になったという仮説を立てた。この倫理によってギャンブリング産業はゲーミング産業に変身を遂げ，そしてアメリカのエンターテイメント産業の主流となった。この倫理はまた，ゲーミング産業が同類の「罪」の産業，すなわちタバコ産業が陥った陥穽に陥ることを避けることに寄与することとなった。タバコ産業の場合，タバコを使用するということは非喫煙者の健康に実際に影響する。反ギャンブリンググループはギャンブリング活動の増加は犯罪と破産の増加につながるということを証明しようとしてきた。しかしいままで議論が尽くされてきたが経済学者によってその事実は証明されず，また一般民衆の関心も呼ばなかった。

次節においては現在のゲーミング産業を形作っている経済的，政治的環境の未来における潮流と事象について分析することとする。

未来における潮流と事象

ギャンブリング／ゲーミング産業の観察者が注目しなければいけない最も重要な潮流はギャンブリングに対する社会の受容度である。公衆がどの程度までギャンブリングを受容するかということはギャンブリング産業が顧客に提供するゲームのタイプと当局がその産業に課する規制のタイプの両方を決定する。未来のギャンブリングを決定するこれらの潮流と事象を調査する際には，焦点は公衆のギャンブリング／ゲーミング産業の受容度に影響を与える潮流や事象に置かれることとなる。

公衆はギャンブリングはゲームであることを受容しているので，公衆のギャンブリングの受容はギャンブリングのゲームの特質に適合する能力と結びつけられている。もし，ギャンブリング産業がゲームをゲームたらしめているルールを破ったとするならば，公衆のギャンブリング産業に対する受容度を失う危険を冒すこととなる。

再びそのルールを解説しよう。

1　プレイヤーはゲームに自由に参入し退出することができる（依存性の問題）。

2　ゲームは「公正」であることを管理するルールであること（「公正さ」の問題）。

3　ゲームの結果があらかじめ操作できないこと（「誠実さ」の問題）。

ギャンブリング産業がゲームのルールを満たすことができる能力に影響を与えうる政治的，経済的潮流と事象を要約し説明することとする。

オーディエンスの問題

いままで，中毒の問題は政府の立法部門で論争されてきた。反ギャンブリンググループは中毒の問題を利用し，更なるギャンブリングの拡張を禁止するかギャンブリングの方法とギャンブリングを行う時間に制限を加えようとしてきた。未来においては反ギャンブリンググループは政府の異なった部門に働きかける可能性がある。すなわち司法部門にである。

反タバコのグループはタバコ産業に対して依存性の問題を主要な武器として法廷において目覚しい成功を収めた。それではなぜ反ギャンブリンググループは反タバコグループが悪のタバコ産業に対して戦いを挑んだような同じように依存性の問題を扱わないのだろうか？この２つの活動は依存性の問題として，また，これらの活動をしている個々人が害を受けるものといわれており，喫煙とギャンブルの害はタバコの煙で充満したカジノに入ることによって受けることとなる

しかしながら，反ギャンブリングの立場に立つ弁護士が彼らの言い分をギャンブリング産業に対して通すことはタバコ産業の場合と微妙に異なる。タバコ産業の場合には身体的（死）損害は喫煙に帰することができうる。反ギャンブリングの立場に立つ弁護士はギャンブリングは人々を自殺に駆り立て，家族の財産を食いつぶすものとしようとしているが，人々の依存性の問題とギャンブリングの悪い結果の連鎖は根拠が薄弱でアピールに欠けている。

反ギャンブリングの立場に立つ弁護士が直面している別の障害はギャンブリング産業のすべてのセグメントが長らく「依存性」の問題を認識してきており，法によって強制的なギャンブリング組織に対峙することを要求されてきたことである。タバコ産業は喫煙の依存性的側面を否定してきたが，ゲーミング産業は依存性の問題を真摯に受け止めてきた。したがって，弁護士はギャンブリング産業の陰謀論を展開しギャンブラーを引きつけているとすることはできないであろう。

最後に，司法は社会を反映している。喫煙はもはや社会によって許容されるものであると思われないが，ギャンブリングはゲーミング産業へと変身し，それによって社会的に受容されるようになった。南部の陪審員はギャンブリングの依存性的特質に関する弁護士の論により同情的であるかもしれないが，米国の大部分においては陪審員はギャンブリング活動が絶対的に悪であるという論に同意するとは思われない。

「公正さ」の問題

前章ではロトに対する勝率はロトの売り上げに対して統計的に大きな影響を与えないことを示した。「公正さ」に対する批判の大多数は州のロトに向けられているがこの批判はロトの売り上げとロトの運営方法に影響を及ぼさなかったように思われる。しかしながらこの批判はカジノ産業に飛び火し始めた。第3章においてはカジノ産業全体の企業戦略は合併であることを例を挙げ説明した。この戦略は現代のカジノが顧客にエンターテイメントを提供するために必要な資本を蓄積するためにとられた。この戦略は確かにカジノ産業にとって中心的な戦略である。例えばアトランティックシティにおいては3社が存在する12のカジノのうち8つを所有している。残り4つはいわゆるメガ（mega）オペレーターに所有されてはいない。2つは売りに出ており（トランプとマーヴ・グリフィンにより所有されている）そして1つはアトランティックシティの市場において唯一の損失を計上した年を経験した（*Casino Player*，2000）。

しかし，合併と買収の戦略はカジノを資金的に援助するために必要な巨大企業の株主にとっては成功であったと思われるがカジノのプレイヤーにとっては成功であったとはいえない。より競争者が少なくなり，顧客をひきつけるという緊急性が少なくなったからである。言い換えればカジノ産業は寡占産業になったのである。企業はもはや価格競争をすることはない（この産業においては，賭け手に対して払い戻される金額である）が，最高のアミューズメントとアトラクションを提供することによって競争する。例えば北部ラスベガス（この地域はメガリゾートカジノがストリップに集約するために撤退し多くの小さなカジノ企業が残された地域である）のスロットマシーンの平均払い戻し率は96％から97％である。一方，アトランティックシティの平均払い戻し率は90％から92％である。いうまでもなく，この競争の欠如はブラックジャックのようなテーブル・ゲームにも影響を及ぼしている。週末や休みの日においては５ドルのテーブルがほぼ存在しなくなっている。

「誠実さ」の問題

この問題はアメリカにおいてギャンブリングが行われた当初からの問題である。皮肉なことにギャンブリングが急激に拡張した際には問題とはならなかった。1700年代と1800年代を通しロトの運営者の「誠実さ」には常に疑問符がつきまとわっていた。現在のロトについて疑問符がほとんどつかない理由の１つは州政府がロトを運営していることにある。過去40年間，州のロトは運営されてきたが，取るに足らないスキャンダルが１件起きただけである。

カジノ産業は初期の1920年代から1970年代までの犯罪に結びついたイメージに苦しめられてきた。しかし，カジノ産業が巨大な事業に成長したときには「誠実さ」の問題は事実上，消滅した。この言葉の裏にある論理は「誠実な運営を行っているのであれば莫大な収益を上げることができるのに，なぜ，顧客を欺く必要があるのであろうか？」という論理である。顧客はオッズについて憤慨するかもしれないが（ここで再び「公正さ」の問題が出現する），彼らはだまされているとは感じない。別の要因としてはゲーミング施設にかけられる規制の量がある。カジノ企業はむしろこの厳しい規制を２つの理由から支持している。第一に，厳しい規制は州政府が「顧客はだまされていない。」ことを顧客に保障することにつながりうる。第二に，規制は参入障壁になりうる。競争相手は州政府の許可がなければ参入できない。基本的には，州政府はカジノの経営者を保護し，ギャンブリングの認可にまつわる不祥事を避けることができている。

しかし，ネイティブ・アメリカンのカジノの出現によって「誠実さ」の問題が再び取り上げられるようになってきた。州政府にはこのタイプのカジノを規制する力はない。特に州政府はネイティブ・アメリカンのカジノが設置されることに対して助力していない。しかし，州の規制なしでは公衆はネイティブ・アメリカンのスロットマシーンや他のカジノのゲームが「公正」であることはほとんど保障されない。

例えば，この新世紀の最初の2年間にカリフォルニアはネイティブ・アメリカンのカジノの膨大な増加を経験することになるだろう。これらのカジノの大部分は北カリフォルニアに位置し，レノ（Reno）やタホー湖（Lake Tahoe）のカジノのマーケットと競合することとなるであろう。州は運営されるスロットマシーンの数を規制することの埒外にあるこれらのカジノを監督しないであろう。しかし，スロットマシーンの数を限定する規制でさえ幅広い解釈を持つのでスロットマシーンの数はほとんどの場合，実用的な目的から制限されない（Eadington, 2000）。

したがって，これらのネイティブ・アメリカンのカジノはネバダのカジノと競合するのみならず，お互いにギャンブルに費やされる金銭をめぐって競合するように見える。規制がほとんどないか，全くなかった場合，主導的立場にあるカジノが取っているルールを守っている部族が所有するカジノにとり大きな誘惑となるであろう。カジノの数が増加するにつれてスキャンダルが起きる可能性は増加する。特に規制されていない競争が焦点となろう。

もし，スキャンダルが起こった場合，ゲーミング産業はダメージを受けるわけであるがどのようなセグメントであれスキャンダルが起きた場合にはゲーミング産業全体に対する公衆の認知に影響を与える。「全てのギャンブリングは2029年までに非合法化される。」というネルソン・ローズ（Nelson Rose）の予想は，もし「誠実さ」の問題がアメリカの一般民衆のギャンブリングに対する主な関心事に再びなったときには真実になるかもしれない（*New York Times*，1993，p.Ｅ３）。部族とゲーミング産業は両方とも公衆がプレイを楽しむゲームにおいて信頼と信用を保持することについて大きな責任を持っている。

政策的な勧告

ゲーミング産業は21世紀に突入し，華々しい拡張から始まったが，その未来は不確かなものとなりつつある。ゲーミング産業における成長は産業におけるカジノの成長に負うところが大きい。ロトの売り上げは基本的には一定であり，パリミューチュアル産業の売り上げは下落している。カジノの収益は増加しているが，その増加は鈍化している。明らかにゲーミング産業はアメリカのエンターテイメント産業の主流に躍り出ることに成功した。しかしながら，映画，スポーツなどのような他のエンターテイメント産業は彼らがゲーミング産業によって失ったマーケットシェアを取り戻すための戦略をとり始めた。ゲーミング産業は技術の進歩がカジノのなかでギャンブラーがプレイできる新しい様々なゲームを提供できることを期待している。

しかし，社会的，政治的な面においてはギャンブリング／ゲーミング産業は大きな脅威に直面することになるであろう。ゲーミング産業の「依存性」「公正さ」「誠実さ」の問題の取り扱い方は公共的な政策の立案者に対しての認知度を決定する。続く公共的政策の勧告はゲーミング産業自身とゲーミング産業の顧客にとり役立つことが証明されよう。それらはギャンブリング産業が多くの顧客にとりより中毒が少なく公正で腐敗のないものにする目的でなされており，それによってギャンブリング産業が長く存在するための正当性を強化することになる。

ギャンブルの最低年齢の引き上げ

現在，ロトを提供している州のうちロトをプレイできる最低年齢は3州を除いて18歳である。カジノを認可している州の大部分はゲームに参加できる最低年齢は21歳である。法案制作者はロトを望ましいゲーミングの形態でありカジノを望ましくない形態であるという見解を持っているように見える。しかし，このような区別は若いギャンブラーにとって理解することが困難である。カジノがロトに比べて依存性が強いという明らかな科学的な証拠はほとんど存在しない。

依存性のプロセスを研究している学者によって発見されたことは人口に対しての依存性者の比率は誤りであったことであった。ギャンブリングに対しての依存性者の割合は年齢層によって異なるということである（Shaffer et al., 1999）。18歳から25歳までの年齢層が最も深刻なギャンブリング依存性の問題を抱えている層である。他の年齢層でも依存性の問題は抱えているが，ギャンブリング依存性はこの年齢層で最も多く起きている。明らかに，これらの年齢層は依存性の問題に関心を持つ公共的な政策立案者が注意を払わなければいけないグループである。つまり，ギャンブリングへのアクセスの問題はどうするのかという問題である。

若者のギャンブリング依存性の問題を扱う最も明白で直接的な方法としては様々なギャンブリング活動に対しての最低年齢の引き上げがある。例えば，ロトのチケットの購入やパリミューチュアルに賭けることが可能な最低年齢を21歳まで引き上げるべきであり，一方，カジノ産業においては最低年齢は25歳まで引き上げられるべきであるということをあげることができる。

もし，ギャンブリング産業がギャンブリング依存性の問題に真摯に向き合っているとするならば，ロトやカジノの最低年齢引き上げのいかなる申し出に対してもそれを妨げることはしないであろう。第一に，そうすることによってゲーミング産業が依存性の問題に取り組んでいるというイメージを打ち立てることに役立ちうる。この問題はタバコ産業が長期に渡り無視をし，いまそのことが原因となって存続し続けるために戦っていることである。第二に，最低年齢引き上げによる売り上げ，収益に対する効果は予想したほどのものではないということである。ロトを取り上げてみれば典型的なデイリーナンバーとロトのプレイヤーは18歳から25歳までの年齢層よりもはるかに上の年齢層である。したがってより上の年齢層，しかしより人口の多い層に焦点を絞り販売を行うように調整する必要があるのはインスタント・チケットのセグメントである。一方，カジノ産業はプレイヤーの年齢の中央値がほぼ50歳であるという概念をしっかり持っているだけでよい。

競争の激化

ゲーミング産業のエグゼクティブは産業に対する規制や検査の多さに対して不満を抱いているが，規制の多さはゲーミング産業にとっても大いにメリットがある。第一に，公衆は州がゲーミング産業を規制する役割を果たすことによってゲームは「誠実」で「公正」であると再保証されているように感じる。しかし，より重要なことはゲーミング産業は政府の規制をゲーミング産業において競争を望んでいる競争者に対しての参入障壁として有効に活用している。しかしながら，本書で見てきたように州のロトの独占構造，カジノ産業の寡占構造によって顧客に対して「公正」で「効率的」ではなくなってきている。ゲーミング産業の顧客は他の産業における顧客と同じ競争的な市場環境においてサービスを受けるべきである。続く勧告はゲーミング産業の顧客の欲求と競争的なゲーミング産業の出現に伴う社会的な関心に応えるものとなるであろう。

州のロトの民営化

州が運営しているロトが停滞しているのは明らかである。実際，３つのセグメントのうち２つのセグメントのロトの売り上げは下降しており，残り１つのセグメント（インスタント）は革新的な技術，マーケティングによる所が大きい。大部分の州のロトは安定した歳入をもたらすことを期待されているので，州のロトのコミッショナーに企業家精神を発揮させることを難しくさせている。当然のことながらこのことは大部分の州議会が望んでいることである。つまり，州に歳入をもたらす非効率なロトを望んでいるのである。

しかしながら，もし，州のロトの顧客が公正な方法で取り扱われたとするならば，彼らは明らかにより良い払い戻し率を得ることができるであろう。デイリーナンバーやロト・ゲームの50%以下の払い戻し率は総合的に見て適当なものではない。インスタント・ゲームのカテゴリーで見れば，インスタント・ゲームの顧客に少なくとも60%の払い戻し率を与える戦略をとっているためマサチューセッツは１人あたり最もロトを購入している州となっている。

現在のロトの趨勢から見て，デイリーナンバー・ロトと伝統的なロトはゆっくり衰退してゆき消滅は避けられないこととなることは明らかである。もし，インスタント・ゲームが未来のロトの形態であり，それが時代の流れであれば，州はロトの運営から手を引くべきである。州はこの民営化されたロトの計画において２つの役割を果たすこととなる。第一に，ライセンスを与えられた競争者（非営利組織）が「公正」で「誠実」なゲームを提供することを保証することである。例えば，州がインスタント・ゲームは少なくとも70%の払い戻し率を保証するように要求し，非営利組織のみがインスタント・ゲームのチケットを発行できるようにすることなどがあげられる。そこでは非営利組織1つあたりが発行できるチケットは最大限，1年間に2回であるとされる。第二に，ロトの勝利に課税できることと同時にロトのチケットを販売するライセンスにも課税できることによって歳入を上げ続けることができることをあげることができる。インスタントのチケットの提供者（非営利組織）は2種類の方法で競争する。第一に，払い戻し率のパーセンテージそして収益が良い目的を支持するために使用されることを宣伝するという方法がある。第二に，新しいタイプのロトの導入であることを顧客にアナウンスするという方法がある。この新しい競争構造において，顧客はどのロトが生き残り，どのロトがなくなるかを決定することとなる。

本書にはいかにしてカジノ産業がパリミューチュアルのゲームとロトに勝利したかが示されている。もし，現在の趨勢が続くとするのならば，カジノ産業はゲーミング産業において独占的な地位を占めることとなろう。現在までのところロトもパリミューチュアル産業もカジノ産業と正面から戦おうとしてはいない。ロトとパリミューチュアルのゲーミング双方に役立つ方法はスィープステイク（Sweepstake：賞金レースの宝くじ）の概念である。スィープステイクは有名なスペインのゲームであるエル・ゴルド（El Gordo）に基づいている。このスィープステイクにおいては1枚300ドルのチケットが限定して売り出される。当選のチケットは95枚ありそれぞれ非課税の320万ドルの賞金が支払われる。スィープステイクの勝利ナンバーは早春に開催される主要な競馬（三冠レースのようなレース）の結果に基づいている。このスィープステイクの概念は賭け手に少なくとも75%の払い戻し率を保証し，年に2回，開催されうる。スィープステイクの収益は州政府と勿論のことパリミューチュアルの産業に分配される。スィープステイクの概念の優れている点は時折ギャンブルをする人々に十分な興奮を与え，そして勿論のことパリミューチュアル産業の保全にも役立つことにある。

州政府はロトから撤退すべきである。非営利組織と他の形態のゲーミングを運営している主体にロトの運営を任せるということはロトを時折のギャンブラーにカジノに代替するギャンブルとすると同時にエンターテイメントとすることを可能にするであろう。

カジノマーケットの開設

カジノ産業はギャンブリングを受容されエンターテイメントの形態として資本を集めることのできる唯一のゲーミング産業のセグメントである。しかし，エンターテイメント産業にまで拡張されるために必要な資本はカジノ産業の構造を変化させた。家族経営のカジノは過去のものとなり，いまや，5つの巨大な企業がカジノ産業を支配している。カジノ産業の合併は州政府が産業を規制することによっても促進された。

ミシシッピーを除き，通常，州はカジノを経営するライセンスの数を限定している。カジノのライセンスを制限する理由はカジノが経済的に成功することを保証するためである。例えば，カジノがデトロイト地域にできたときにミシガン州は3つのカジノのライセンスしか発行しなかった。監督機関はカジノの従業員が安定した仕事を得ることができることを確実にするために最初に開設されたカジノを経済的に成功させることを確実にしようとしていた。しかし，この「安定」は高くつく。もし，より多くのカジノが開設され，競争を繰り広げたとするのならば，より多くの仕事が創出されたことになるからである。また，競争の欠如は顧客に選択の幅を狭め，より低い払い戻し率しか提供しなくなることにつながる。

しかし，より根本的な疑問は「なぜ，カジノは失敗してはいけないのか？」ということである。州はある地域の映画館の数に制限を加えるだろうか？なぜ，カジノの経営者は反トラスト法の適用を逃れうるのであろうか？なぜ，カジノは顧客をめぐって他の産業のように競争してはいけないのであろうか？確かに州は州がゲーミングの運営について監督するために費用を賄うためのみならず州の定めたギャンブリングセンターを維持するために課税する必要がある。しかし，潜在的なカジノの経営者が規制の要件を満たしていたとするのならば，なぜ州はカジノの数に制限を加えるのだろうか？カジノが顧客にダイスを転がすことを許しているように，州はカジノの経営者にカジノを経営する上で最も適した場所で経営させることを許可すべきである。

連邦政府の役割

アメリカの政府が抱える長期に渡る問題のうちの１つには州と連邦との関係がある。最高裁は常に州の権利が連邦の命令によって侵害されているか否かという問題に取り組んでいる。ギャンブリング産業ではこのような司法的な問題がこれまで起きてきており，そして論争の的になり続けるであろう。

様々なセグメントのゲーミング産業間での競争の他に，州間におけるギャンブラーをいかに引きつけるか，もしくは州内にギャンブリングの収益をいかに保持するかという激しい競争が存在する。そして，実際のところギャンブリング産業は州間における通商行為である。ギャンブラーは州を越え最も良いギャンブリングの機会を探索する。そして，カジノが存在しない州の政府はギャンブル依存性に陥った住民のコストをも負担することになる。連邦政府はギャンブリングの政策を巡る州間における紛争を調停する役割を担っているように見える。

カジノ産業はインターネットのギャンブリングを非合法化することに熱心であるが，この場合においては連邦政府のカジノ産業への介入を招くこととなる（*Business Week*，2000）。もし，連邦政府がゲーミング活動のあるタイプを規制する役割を果たしたとすると，なぜ連邦政府は他の形態のギャンブリングを規制する役割を果たせないかということになる。本書で見てきたように「依存性」と「公正さ」の問題は中心的に取り扱わなければならない問題である。ギャンブリングの依存性の問題の調査にはゲーミング産業により提供された資金以外の資金源が必要となる。各州がギャンブリングで得られる収益を求め競争するにつれ，多くの州では収益源を守るため，もしくは増加させるため不正な行為に手を染めるという誘惑に駆られるかもしれない。そこで，連邦政府はギャンブリングの収益を貪欲に貪る州の行為を統制することのできる唯一の機関として再登場するのである。

確かにギャンブリングの反対者は連邦政府に更なるギャンブリングの成長を停止させるように働きかけている。この社会的な保守と伝統的なリベラルの奇妙な連合体は政治的な影響力を発揮し「ギャンブリングの国家に対する影響力の調査委員会」(National Impact Commission on Gambling Study) を形成するにいたった。しかし，その報告書は州の権利を強調しており，州が自身のギャンブリング政策を決定している現在の偏った状況を克服するほどの政治的な強さを持っていなかったことを表していた。

各州は自身で運営していることが明らかであるので，現在の規制状況は実際，レッセフェール (*laissez－faire*) である。しかし，ギャンブリング産業でさえギャンブラーにゲームが「誠実」なものであるということを再保証するためには政府の規制が必要であると容易に認める。ギャンブリング産業は本質的に規制を必要とするものである。したがって，ギャンブリングの適当な総量と適当な賭け手に対する払い戻し率を決定するためには偏りのない立会人が必要となってくる。連邦政府が役割を果たすことを望むにしろ望まないにしろ，結局のところギャンブリング産業を規制するために大きな役割を果たさなければならない。

最終的な観測

ハーバード大学の政治学者であるロバート・プットナム（Robert Putnam）著のボウリング・アローン（*Bowling Alone*）はアメリカ社会の興味深い肖像を描き出している。彼は現代アメリカの思想的な肖像を描き出している。彼はコネチカットのニューロンドン（New London）においてボウリングのリーグがどのくらい変化したかをまず最初に表した。ボウリングのゲームはかつてはチームによって競われたものであった。しかし，現在では大きなスクリーンを通して１人で行われる。彼らは誰とも競うことなく，誰の邪魔をするわけではない。現代のボウラーは１人になることを望んでいる。

ロバート・プットナムの主要テーマは物質的，人的資本を集めるために人々が熱心に働く一方でアメリカ人が次第に社会的に孤立していくことであった。ロバート・プットナムはアメリカ人は社会的資本を再び創造する必要があると主張した。社会的な資本は個人が社会の共通の目標を達成するために個々人が彼らまたは彼女自身に与える必要がある社会的な関係性や公的な関与である。ロバート・プットナムは他の市民のリーダーと同じく公的な政策決定者に社会的な資本を増加させるためにこれら一連の勧告を行った。

ギャンブリングの爆発的な増加はロバート・プットナムがボウリングの世界を描いたことと同じような傾向を表すにいたった。ギャンブラーは今や社会的な関与を必要としないゲームをプレイしている。スロットマシーンは他のギャンブラーとコンタクトをとることを避けることのできる完全な非競争的なゲームである。そしてスロットマシーンは未来のためにホイールを回転させ，より孤立したなかで存在することを可能にする。ロバート・プットナムが社会的な資本として描いた現象は「犠牲の倫理」によって正当化される。そして物質的，人的資本の発展は「寛容の倫理」によって正当化される。ロバート・プットナムはより社会的資本の形成を求める際に，様々な意味で彼は政策立案者と市民のリーダーに再び「自己犠牲の精神」を発揮し，そして「犠牲の倫理」を考慮した政策を展開するように望んでいる。3つの政策的な勧告は本章においてすでに紹介された。つまり，ギャンブルの最低年齢の引き上げ，競争の増加（もしくはプレイヤーへの払い戻し率の引き上げ）そして連邦政府のゲーミング産業に対する規制の強化である。これらの勧告は各々犠牲を伴う。ギャンブルの最低年齢の引き上げにおいて，ゲーミング産業は最もギャンブリング中毒に陥りやすいグループからの追加的な収益をあきらめることを要求される。非営利組織を支えるために一連の宝くじ競馬を提唱することによってこれらのゲームの興味を喚起するために必要な広報は一般の人々の目には良くないことのように映るであろう。大部分の人々にとって不快と感じさせる社会のこれらのセグメントを孤立させるアメリカ社会の特質を鑑みるに，ロトの政策におけるこの変化は貧しいもの，恵まれないものへ資金を供給する二重の効果をもたらし，人々に恵まれない人々に対して犠牲を払う義務を持つことを想起させる。最後に，連邦政府のギャンブリング産業において果たす役割の増加は州政府による犠牲を伴うことになるであろう。州はギャンブリング産業によってすべてのアメリカ市民が平等に扱われることを保証するためにある程度の主権と歳入を放棄しなければならないだろう。

アメリカの社会的価値においてゲーミングが多くの関与をするに従い，おそらくギャンブリング産業が提起する大きな課題は，社会がいかに潜在的に依存性の可能性を持つ存在に対して禁止と自由放任との間の中庸を保つかということである。アメリカ人は明らかに彼らが彼ら自身楽しんできた両方のタイプのゲームに対するバランスと彼らの道徳的な判断を正当化するために利用した倫理的システムの回復を図る必要がある。もしアメリカ人がこれらのバランスを達成できるとしたら，彼らは健康で力強い民主的なシステムを構築することになるであろう。そして，その社会は単に人的および物質的な高いレベルを世界に羨まれるのではなく社会資本の平等な高いレベルで羨まれることになるであろう。

参考文献

Atlantic City Information Guide, http://www.atlanticcityconvention.com.

American Gaming Association (1999), *State of the States: The AGA Survey of Casino Entertainment,* Washington, DC.

Bigelow, B., L. Fahey, and J. Mahon (1993), 'Issues Management: A Theory Based on Strategic Management', *Proceedings of the Fourth Annual Meeting of the International Association for Business and Society,* San Diego, pp. 175−80.

Biloxi Sun Herald, 25 November 1998, p. 23.

BOX, G. and G. Tiao, 'Intervention Analysis with Applications to Economics and Environmental Problems', *Journal of the American Statistical Association,* 70, 349 (March, 1975): 70−79.

Buckley, C. (1994), *Thank You for Smoking,* New York: Random House.

Business Week 'Internet Gaming Sites Abound', 14 August 2000, p. 22−6.

Caillois, R. (1979), *Man, Play and Games,* New York : Schocken Books.

Casino Player, 'Consolidation Blues', June 2000, p. 26.

Casino Player, 'Laugh Development', June 2000, pp. 49−50.

Cobb, R. and C. Elder (1972), *Participation in American Politics: The Dynamics of Agenda Building,* Baltimore: Johns Hopkins University Press.

Delaware Racing Commission *Annual Reports* from 1994−1998.

Dunstan, R. (2000), *The Economics of Indian Gaming California* presented at the 11th International Conference on Gambling and Risk Taking,

June, Las Vegas.

Eadington, W. (2000), *Casual Legalization: California and the Creation of a Significant Casino Industry* presented at the 11th International Conference on Gambling and Risk Taking, June, Las Vegas.

Earley, P. (2000), *Super Casino: Inside the 'New' Las Vegas,* New York: Bantam Books.

Financial World, 'Limping to the Finish', 15 February 1995, p. 87.

Fleming, A. (1978), *Something for Nothing,* New York: Delacorte Press.

Fortune, 'Sport of Kings, Bums and Businessmen', August 1960.

Forbes, 'Requiem for a Thoroughbred ? ', 18 December 1995, pp. 274–6.

Freeman, E. (1984), *Strategic Management : A Stakeholder Approach,* Marshfield, MA. :Pitman.

Investment Dealers Digest, 26 January 1998, 64(4), p. 5 .

Harrah's Entertainment Inc (1995, 1999), 'Casino Customers–Who are They ? '

Harrah's Entertainment Inc.

Hotel & Motel Management, 'Consolidation of the Casino Industry', 7 September 1998.

Kentucky Racing Comission *Annual Reports* from 1994–1998.

Lafleur's Lottery World, 'Instant Tickets Lead the Way', March 2000, p. 15.

Las Vegas Visitor Profile, http://www. vegas. com.

Lexington Herald-Leader, 'Racinos: Birth or Death of Tracks', 26 September 1999, p. 1 .

Ljung, G. and G. Box, 'On a Measure of Lack of Fit in Time Series

Models', *Biometrika* 65(297) 1978.

Louisville Courier Journal, 'Turfway's Struggles Have an Impact on the State', 14 February 1997, p. G 1.

Louisville Courier Journal, 'If Slots Machines Get Nod, Downs plans Restaurants, Hotel, Gambling Center', 30 April 1997, p. 1 A.

Mahon, J. and R. McGowman (1996), *Defining the Competitive Environment : Industry as a Player in the Political and Social Environment,* Westport, CT: Greenwood Press.

Maryland Racing Commission, *Annual Reports from 1994–1999.*

Maryland Racing Commission, (1998), 77th Annual Report.

Massachusetts Lottery Commission, *Weekly Lottery Sales Data* from 1990–1999.

McGowan, R. (1994), *States Lotteries and Legalized Gambling : Painless Revenue or Painful Mirage,* Westport, CT: Quorum Books.

McGowan, R. (1995), *Business Politics and Cigarettes : Multiple Levels, Multiple Agendas,* Westport, CT: Quorum Books.

McGowan, R. (1997), *The Search for Revenue and the Common Good: An Analysis of Government Regulation of the Alcohol Industry,* Westport, CT: Quorum Books.

McGowan, R. A and J. F. Mahon (1996), 'Collaborating with the Enemy : Tobacco, Alcohol, and the Public Good', *Business in the Contemporary World,* 7 (4) pp. 69–92.

Merrill Lynch (1999), '*Gaming Industry: Uncertainty Is the Only Sure Thing*'

National Gambling Commission Report (1999)

National Gambling Impact Study Commission (1999), *Final Report,*

Washington, DC.

New York Times, 'Legal Gambling Faces Higher Odds', by N.R. Kleinfield, 29 August 1993, p. E 3.

New York Times, 'Harrah's buys into Illinois Casino', 20 December 1997, p. D 1.

New York Times, 'Detroit's Casino Market', 23 March 1998, CXLVII (51, 105): C 2.

O'Brien, T. L. (1998), *Bad Bet: The Insider Story of the Glamour, Glitz and Danger of America's Gambling Industry,* New York: Times Books.

Onkvisit, S. and J. Shaw (1989), *Product Life Cycles and Product Management,* Westport, CT: Greenwood Press.

Porter, M. (1980), *Competitive Strategy: Techniques for Analyzing Industries and Competitors,* New York: The Free Press.

Putnam, R. (2000), *Bowling Alone,* New York: Simon & Schuster.

Schattschneider, E. (1960), *Semi-Sovereign People,* New York: Holt.

Shaffer, H. J., M. N. Hall and J. Vanderbilt (1999), 'Estimating the Prevalence of Disordered Gambling Behavior in the United States and Canada: A Research Synthesis' in *American Journal of Public Health,* 89, pp. 1369–76.

Talish, N., R. Seth, R. Weber and A. Shah (1999), *'Gaming Industry: Odds Favor the Giants'*, Merrill Lynch, Pierce, Fenner & Smith Limited.

Thompson, W. (1997), *Legalized Gambling : Contemporary World Issues Collection,* Santa Barbara: ABC- CLIO.

Thompson, W., R. Gazel and D. Rickman (1997), 'Social and Legal Cost of Compulsive *Gamblig', Gaming Law Review,* 1 pp. 81– 9.

Travel Agent, 16 November 1998, 293(1)p. 4.

US Bureau of Economic Analysis (1999), *Recreation Expenditures.*

US News and World Report, 'Racing's Rough Ride', 12 June 1995, pp. 44–5.

The Wager, 'Why People Gamble', Harvard Medical School, Division on Addictions, 17 March 1998.

Walker, D. and A. Barnett (1999), 'The Social Costs of Gambling: An Economic Perspective', *Journal of Gambling Studies,* , 15(3) pp. 181–212.

Wilmington News Journal, 'Slots Are In!' 10 October 1995, p. 1 A.

Wilmington News Journal, 'Tracks Maintained by Video Machines', 25 October 1997, p. 3 A.

Wolfe, T. (1987), *Bonfire of the Vanities,* New York: Farrar, Straus, Giroux.

Website addresses

www.harrahs.com

www.mirageresorts.com

www·prnewswire.com

www.trump.com

索　引

【ア行】

【カ行】

【サ行】

【タ行】

【ナ行】

【ハ行】

著 者 紹 介

リチャード　マガウアン

ボストン大学助教授
ハーバード大学メディカルスクール客員助教授

翻 訳 者 紹 介

佐々木一彰（ささき　かずあき）

日本大学経済学部専任講師
ギャンブリング＊ゲーミング学会会員
早稲田大学ホスピタリティ研究所客員研究員
早稲田大学バランスト・スコアカード研究所客員研究員
2004年ネバダ大学ＥＤＰ（カジノ・マネジメント）に日本人として始めて受け入れられる。
Email;sasaki-kazuaki@fa.wm.eco.nihon-u.ac.jp

翻訳者との契約により検印省略

平成17年8月15日　初版発行

ゲーミング企業のマネジメント
－カジノ・競馬・ロト(宝くじ)－

著　　者	リチャード　マガウアン
翻 訳 者	佐々木　一　彰
発 行 者	大　坪　嘉　春
印 刷 所	税経印刷株式会社
製 本 所	株式会社　三森製本所

発行所　東京都新宿区 下落合2丁目5番13号　株式会社 **税務経理協会**
郵便番号 161－0033　振替 00190－2－187408　電話(03)3953－3301(編集部)
FAX(03)3565－3391　(03)3953－3325(営業部)
URL　http://www.zeikei.co.jp/
乱丁・落丁の場合はお取替えいたします。

ISBN4－419－04555－8 C1034